Coordenação
Cristiana Felippe

Receitas Maravilhosas
Receber em Casa

1ª EDIÇÃO • BRASIL • 2017

Lafonte

Título original: *Receitas Maravilhosas - Receber em casa*
Copyright © Editora Lafonte Ltda., 2017

Todos os direitos reservados.
Nenhuma parte deste livro pode ser reproduzida sob quaisquer
meios existentes sem autorização por escrito dos editores.

Direção Editorial *Ethel Santaella*
Supervisão Editorial *Renata Armas*

Coordenação Editorial e Edição de Textos: *Cristiana Felippe*
Revisão: *Marcela Fregonezi*
Consultoria Culinária: *Natália Palmegiano, culinarista do Cook n' Énjoy,
e Nil Reis, culinarista da Docinhos de Reis*
Receitas, Produção Culinária e Fotos: *Lara Natacci, Adriana Caire, Joyce Garcia Gusmão,
Janaina Resende, Marcelo Resende, Ana Wenzel,
Christian Parente, Márcia Asnis, Estúdio Gastronômico,
Luna Garcia, Juca Vieira, Monica Antunes/
Acervo Editora Escala e Shutterstock.com*
Projeto Gráfico: *Marcelo Almeida*
Capa: *Giliard Andrade*

Dados Internacionais de Catalogação na Publicação (CIP)
(Câmara Brasileira do Livro, SP, Brasil)

```
Receitas maravilhosas : receber em casa /
   coordenação Cristiana Felippe. -- 1. ed. --
   São Paulo : Lafonte, 2017.

   ISBN 978-85-8186-256-9

   1. Culinária (Receitas) I. Felippe, Cristiana.

17-11308                                    CDD-641.5
```

Índices para catálogo sistemático:

1. Receitas : Culinária : Economia doméstica   641.5

1ª edição: 2017
Direitos de edição em língua portuguesa, para o Brasil,
adquiridos por Editora Lafonte Ltda.

Av. Profa. Ida Kolb, 551 - 3º andar - São Paulo - SP - CEP 02518-000
Tel.: 55 11 3855-2286
atendimento@editoralafonte.com.br * www.editoralafonte.com.br

Impressão e acabamento:
Gráfica Oceano

Apresentação
Comida caseira: o prazer do encontro aconchegante

Convidar os amigos e familiares para compartilhar uma refeição em sua casa é ter o prazer de desfrutar de um encontro aconchegante repleto de carinho.

Elaborar um prato para oferecer às pessoas queridas é um ato de amor e deve ser uma experiência degustada a partir dos pequenos detalhes: do sentir os diferentes aromas das especiarias, das cores, texturas e formatos dos alimentos até chegar a saborear a comida.

Engana-se quem pensa que é preciso gastar muito ou ter habilidades especiais de masterchef para promover uma deliciosa reunião em casa. Para cozinhar é preciso apenas um pouquinho de criatividade e boa vontade de fazer sem medo de errar, porque os enganos também fazem parte do processo e é assim que a gente aprende e, muitas vezes, até cria novas receitas com o improviso.

Então, que tal transformar seu lar numa cantina italiana, ao som de tarantela, recheada de massas deliciosas ou abrir as portas para a descontração de um boteco, com quitutes e comidinhas de dar água na boca? Dá para criar pratos incríveis sem muito trabalho. E por que não sugerir que cada convidado traga sua especialidade, para experimentar todas as gostosuras desse volume?

Nessa edição do Receitas Maravilhosas – Receber em Casa preparamos com muito carinho cerca de 135 receitas ilustradas com as etapas simples e práticas para você abrir as portas do seu lar e encantar os convidados..

Tem dicas bacanas para todos os gostos e ocasiões. Dá para agradar desde os apreciadores de carnes suculentas, (levando churrasco e diferentes pratos com aves, bovinos e suínos) até os vegetarianos, com as muitas dicas saudáveis a base de verduras e legumes incrementados.

É possível levar também um pouquinho do clima de praia, com os saborosos peixes e frutos do mar ou transformar a cozinha e sala numa grande confeitaria, oferecendo diversos tipos de pães.

Elaboramos ainda as mais variadas massas e salgadinhos de bar para acompanhar uma cervejinha. Tem até receitas mais leves e práticas para a noite, com sopas, suflês e tortas. E, claro, não podiam faltar os doces e sobremesas para finalizar o encontro com muita elegância. Então, mãos a obra, porque a nossa casa é a sua casa agora!

Cristiana Felippe

Índice

Quitutes de Boteco
Comida de bar no encontro com os amigos..................8

- Arrumadinho de carne-seca..................10
- Bolinho de abóbora
  com carne-seca e muçarela..................12
- Bolinho de agrião com aveia..................14
- Bruschetta de carne louca..................28
- Bolinho frito de arroz..................18
- Bolinho de carne dos Bálcãs..................19
- Coxinha de frango..................16
- Croquete com molho de café..................20
- Croquete de aipim..................22
- Croquete de feijoada..................23
- Croquete de hadoque
  defumado e amêndoa..................24
- Empadinha de queijo
  com milho-verde..................26
- Empanadas de frango
  com massa integral..................27
- Miniempanada de carne..................30
- Pacotinho caprese..................32
- Pastelzinho de feira..................34
- Pastelzinho de queijo..................35
- Tomate recheado de bacon..................36

Sopas, Suflês, Tortas & Quiches
Pratos leves para encontros aconchegantes..................38

- Pavê salgado de forno..................62
- Quiche aos cinco queijos..................40
- Quiche de alho-poró..................41
- Quiche de carne-seca..................42
- Quiche de cogumelo com bacon e
  requeijão..................44
- Quiche de palmito..................46
- Sopa carotenada..................47

- ❯ Sopa de galinha 48
- ❯ Sopa fria de beterraba 49
- ❯ Suflê de abóbora
  e carne-seca 50
- ❯ Suflê de alho-poró 51
- ❯ Suflê de macarrão com queijos 52
- ❯ Suflê de milho 54
- ❯ Suflê de queijo 55
- ❯ Torta de queijo 56
- ❯ Torta folhada de shiitake 57
- ❯ Torta goiana 58
- ❯ Torta suflê de macarrão 60

Delícias com Carnes
Ideias rápidas para carnes bovina, suína e de frango 64

- ❯ Arroz carreteiro 68
- ❯ Canelone de pernil e frango 70
- ❯ Carne-seca na moranga 72
- ❯ Conchas recheadas de peito de peru .. 74
- ❯ Conchiglione recheado de frango 76
- ❯ Costelas de porco com páprica 66
- ❯ Creme de feijão com carne-seca 78
- ❯ Crepe com frango e cream cheese ... 79
- ❯ Chica doida de milho-verde e linguiça .. 80
- ❯ Escondidinho de carne 82
- ❯ Escondidinho de frango 84
- ❯ Esfiha de carne 86
- ❯ Filé-mignon com mandioquinha 88
- ❯ Linguiças gratinadas com batatas 90
- ❯ Risoto de frango 92
- ❯ Rocambole de carne com legumes
  e queijo 69

Peixes e Frutos do Mar
O clima de praia dentro da sua casa 94

- ❯ Bacalhau ao forno 98
- ❯ Barquinha de camarão com bacon 96
- ❯ Bolinho de batata com bacalhau 100
- ❯ Bolo salgado de legumes e atum 101
- ❯ Casquinha de caranguejo 102
- ❯ Pescadinhas gratinadas 104
- ❯ Salmão ao molho de queijo cremoso ... 106
- ❯ Trança de atum e champignon 108

Legumes e Verduras

Receitas nutritivas e saborosas incrementadas com vegetais 110

- Abobrinha recheada colorida 118
- Arroz à grega 114
- Batata rosti com alho-poró ao curry 116
- Batatinha recheada com cheddar 120
- Berinjela com queijo e espaguete 121
- Berinjela turca 122
- Crepe de espinafre com ricota 102
- Gravatinha com berinjela, tomate, manjericão, ricota e brócolis 124
- Minifocaccia com vegetais agridoces ... 126
- Legumes refogados com castanhas 128
- Panqueca de quinoa com espinafre e queijo 129
- Pasta picante de berinjela 130
- Pastel assado de escarola e nozes 131
- Penne com molho, abóbora e palmito 132
- Penne com tomate, ervilha e broto de feijão 133
- Rigatone com espinafre e molho rosé .. 134
- Salada de fundo de alcachofra com erva-doce e cogumelo 136
- Salada de macarrão com rúcula ao vinagre de laranja 138

Massas da Mama

Transforme o lar em uma cantina italiana 140

- Canelone de ricota 142
- Conchas ao creme de aspargos 144
- Espaguete ao alho e azeite 146
- Espaguete ao pesto 65
- Espaguete com limão, parmesão e hortelã 148
- Espaguete de quinoa especial 149
- Lasanha ao pesto genovês 150
- Lasanha com pesto de abobrinha 153
- Lasanha de berinjela 154
- Lasanha de pão 156
- Lasanha de shiitake 158
- Macarrão a Alfredo 160
- Macarrão a pizzaiolo 162
- Macarrão brasileirinho ao forno 163
- Macarronada incrementada 164
- Nhoque de espinafre 166
- Nhoque de mandioquinha 168
- Nhoque recheado de ricota 170
- Paglia e fieno com molho de limão 172
- Pizza quena 174
- Rondelle de ricota e nozes 176

Pães Especiais
Clássicos da confeitaria para o lanche 178

- Fatias húngaras 199
- Pão caipira 180
- Pão com queijo e peito de peru 182
- Pão de batata recheado com linguiça ... 183
- Pão de coco 194
- Pão de forma de cenoura 184
- Pão de frios 185
- Pão de frango com requeijão 186
- Pão de limão 196
- Pão de linhaça recheado 189
- Pão de mel 198
- Pão de minuto 195
- Pão de polvilho com óleo de coco 197
- Pão de queijo sem lactose 188
- Pão salgado recheado 190
- Pão sem glúten 192
- Pãozinho de cenoura 193
- Rosca de passas 200

Doces e Sobremesas
Gostosuras que encantam os convidados 212

- Alfajores de laranja 204
- Arroz-doce com morango 211
- Biscoitos casadinhos 212
- Doce de abóbora com coco 215
- Espetinho de abacaxi com gergelim 214
- Fondue de chocolate 205
- Gelatina de ameixa com aveia 206
- Manjar com calda de ameixa 216
- Muffin de banana 208
- Pudim de leite condensado 218
- Pudim de soja 219
- Pudim verde 220
- Sonho de doce de leite 221
- Torta de sequilho e creme de abacate 210
- Wrap de frutas vermelhas 222

Quitutes de Boteco
Comida de bar no encontro com os amigos

Receitas Maravilhosas
Receber em Casa

🕐 1 HORA E 20 MINUTOS DE PREPARO
🍴 8 PORÇÕES

Arrumadinho de carne-seca

Ingredientes

- 200 g de carne-seca limpa e dessalgada
- 2 xícaras (chá) de abóbora
- 6 colheres (sopa) de azeite de oliva
- 5 dentes de alho
- ½ xícara (chá) de cebola picada
- 1 cebola média inteira
- Sal, pimenta-do-reino, salsinha e raiz de capim-santo a gosto
- 4 folhas de couve-manteiga

Modo de preparo

Limpe a carne e deixe de molho para retirar o sal, trocando a água várias vezes. Corte a carne em cubos. Leve ao fogo e cozinhe em água por aproximadamente 40 minutos.

Escorra e desfie ainda quente com a ajuda de um garfo. Reserve. Corte a abóbora em cubinhos. Aqueça 2 colheres (sopa) de azeite e doure 2 dentes de alho picados.

Adicione a cebola picada, tempere com sal, pimenta-do-reino e raiz de capim-santo. Junte a abóbora e refogue um pouco. Ajuste o sal, a pimenta e cubra com um pouco de água para ajudar no cozimento.

Assim que o líquido secar e a abóbora estiver macia, bata-a no liquidificador. Reserve. Doure 2 dentes de alho picados em 2 colheres (sopa) de azeite. Junte e refogue a cebola cortada em tiras finas e tempere com sal e pimenta.

Adicione a carne-seca desfiada e salpique salsinha. Doure o dente de alho restante (picadinho) em 2 colheres (sopa) de azeite e refogue rapidamente a couve fatiada finamente. Tempere com sal e pimenta-do-reino. Em uma tigelinha, disponha a carne-seca, a couve e o purê de abóbora. Salpique salsinha a gosto.

Quitutes de Boteco
Comida de bar no encontro com os amigos

Receitas Maravilhosas
Receber em Casa

🕐 1 HORA E 20 MINUTOS DE PREPARO
🍴 40 PORÇÕES

Bolinho de abóbora com carne-seca e muçarela

Ingredientes

- 2 xícaras (chá) de carne-seca dessalgada, cozida e desfiada
- 2 xícaras (chá) de abóbora cozida e amassada
- 2 e 1/2 xícaras (chá) de muçarela
- 3 colheres (sopa) de azeite de oliva
- 1 cebola picada
- 1/2 colher (sopa) de alho picado
- 1/2 xícara (chá) de molho de tomate
- 3 colheres (sopa) de salsinha picada
- Sal, pimenta-do-reino e noz-moscada a gosto
- 1 colher (sopa) de manteiga
- 1 tablete de caldo de legumes
- 1 xícara (chá) de água quente
- 1 xícara (chá) de leite
- 2 e 1/2 xícaras (chá) de farinha de trigo
- 1 xícara (chá) de farinha de rosca
- 3 ovos
- Óleo para fritar

Modo de preparo

Em uma panela, em fogo médio, aqueça 1 colher (sopa) do azeite, refogue a cebola, a carne-seca e o alho por cerca de 5 minutos.

Misture o molho de tomate, a salsinha, o sal, a pimenta e a noz-moscada. Reserve.

No liquidificador, bata bem a abóbora, a manteiga, o caldo de legumes e a água quente até que fique homogêneo.

Em uma panela, adicione o leite e cozinhe em fogo médio até que levante fervura.

Coloque a farinha de trigo de uma só vez e continue mexendo sempre, até que desgrude do fundo da panela.

Adicione o azeite restante e misture bem.

Coloque em uma superfície lisa e deixe esfriar. Abra porções da massa com a mão, distribua a carne, a muçarela e feche, modelando os bolinhos.

Passe pela farinha de rosca, pelos ovos batidos e pela farinha novamente.

Em uma panela, frite os bolinhos em óleo quente por imersão até que dourem.

Sirva quente.

Quitutes de Boteco
Comida de bar no encontro com os amigos

Receitas Maravilhosas
Receber em Casa

🕐 **1 HORA E 20 MINUTOS DE PREPARO**
🍴 **8 PORÇÕES**

Bolinho de agrião com aveia

Ingredientes

- 1 e ½ xíc. (chá) de farinha de trigo
- ½ xíc. (chá) de aveia em flocos finos
- 1 col. (sopa) de fermento em pó
- 1 col. (chá) de sal
- 2 gemas
- 2 claras em neve
- 3 col. (sobrem.) de azeite de oliva extravirgem
- 1 e ½ xíc. (chá) de leite
- ½ maço de agrião
- 1 cebola picada
- 2 dentes de alho

Modo de preparo

Em uma tigela, misture a farinha de trigo, as gemas, a aveia, o fermento e o sal e deixe descansar.

Enquanto isso, bata no liquidificador 1 col. (sobrem.) de azeite e o leite por 2 minutos Despeje a mistura aos poucos sobre os ingredientes secos e mexa bem.

Refogue a cebola e o alho em 1 col. (sobrem.) de azeite de oliva. Acrescente o agrião e mexa até ele murchar. Desligue o fogo e deixe esfriar.

Acrescente esse refogado à mistura e, por último, adicione as claras em neve. Mexa delicadamente. Unte e enfarinhe forminhas individuais. Despeje a massa até atingir metade da altura. Asse em forno preaquecido a 180°C até dourar.

Quitutes de Boteco
Comida de bar no encontro com os amigos

Receitas Maravilhosas
Receber em Casa

⏱ 1 HORA E 20 MINUTOS DE PREPARO
🍴 50 PORÇÕES

Coxinha de frango

Ingredientes

RECHEIO
- 2 cebolas picadas
- 5 colheres (sopa) de azeite
- 1 peito de frango
- 1 cubo de caldo de galinha
- 1 colher (sopa) de colorau
- 1 tomate
- 2 colheres (sopa) de salsa
- Sal e pimenta-do-reino a gosto
- 300 g de farinha de rosca para empanar
- Óleo para fritar

MASSA
- 1,7 litro de água do cozimento do frango
- 1 cubo de caldo de galinha
- 1 xícara (chá) de óleo
- 1 kg de farinha de trigo

Modo de preparo

Numa panela, refogue metade da cebola picadinha em 3 colheres (sopa) de azeite.

Adicione o frango, o cubo de caldo e metade do colorau.

Cozinhe o frango até começar a soltar do osso. Depois, deixe amornar e desfie. Preserve os ossos e o caldo. Numa panela com 2 colheres (sopa) de azeite, refogue a cebola restante e adicione o frango desfiado. Coloque o tomate picado, a salsa picada e o colorau restante. Acerte o sal e a pimenta.

MASSA

Numa panela, aqueça o caldo do cozimento do frango reservado e dissolva o cubo de caldo. Acrescente o óleo e a farinha, mexendo sempre, até dar ponto. Deixe esfriar.

MONTAGEM

Abra a massa na mão, acomode o recheio e modele no formato de coxinha. Se quiser, use o osso reservado para enfeitar. Passe na água fria e, depois, na farinha de rosca. Frite em óleo quente.

⏲ 1 HORA DE PREPARO
🍴 6 PORÇÕES

Bolinho frito de arroz

Ingredientes

- 300 g de arroz cozido
- 1 xícara (chá) de caldo de galinha
- 1 ovo
- ½ cebola
- Salsa e cebolinha picadas a gosto
- Farinha de trigo o suficiente
- Óleo para fritura

Modo de preparo

Coloque o arroz em uma panela com o caldo de galinha e um pouco de água e cozinhe por alguns instantes. Assim que a mistura ficar pastosa, retire do fogo e deixe esfriar. Acrescente o ovo, a cebola picada, a salsinha e a cebolinha. Misture farinha o suficiente para dar liga. Modele os bolinhos e frite em óleo quente.

⏲ 1 HORA E 30 MINUTOS DE PREPARO
🍴 8 PORÇÕES

Bolinho de carne dos Bálcãs

Ingredientes
- 250 g de patinho moído
- 250 g de carne de porco moída
- 250 g de carne de cordeiro moída
- 3 dentes de alho picados
- ½ xícara (chá) de cebola
- Sal e pimenta-do-reino a gosto

Modo de preparo

Misture bem as carnes moídas, o alho picado, a cebola, o sal e as pimentas.

Faça diversos rolinhos com essa mistura, no formato de cilindro grande e fino, com uma largura aproximada de 2 cm.

Envolva em plástico filme e leve à geladeira por 1 hora. Desembrulhe e coloque cada rolinho em uma grelha, virando de todos os lados para dourar.

Caso não tenha grelha, opte por fritá-los com 1 colher (sopa) de óleo em uma frigideira por cerca de 8 minutos. Sirva com cebola crua picada e fatias de pão integral.

Receitas Maravilhosas
Receber em Casa

⏱ **45 MINUTOS DE PREPARO**
🍴 **25 PORÇÕES**

Croquete com molho de café

Ingredientes

MASSA
- 3 xícaras (chá) de patinho cortado em pedaços grandes
- 1 tablete de caldo de carne
- 1 e ½ xícara (chá) de água
- 1 xícara (chá) de farinha de trigo
- 2 colheres (sopa) de cheiro-verde picado
- 2 claras em neve
- 2 xícaras (chá) de farinha de rosca

MOLHO
- ¼ de xícara (chá) de café preparado
- 1 xícara (chá) de maionese
- 2 colheres (sopa) de mostarda
- 2 colheres (sopa) de cebolinha picada
- 1 colher (chá) de orégano
- Sal, noz-moscada e pimenta vermelha em pó a gosto

Modo de preparo

MASSA
Numa panela de pressão, cozinhe a carne com o tablete de caldo de carne e a água por 20 minutos (depois que começar a ferver). Deixe amornar e bata a carne e o caldo do cozimento no liquidificador (ligue e desligue o liquidificador algumas vezes para desfiar a carne).

Volte a mistura para uma panela, acrescente a farinha de trigo e leve ao fogo baixo, sem parar de mexer, até soltar do fundo da panela. Junte o cheiro-verde e retire do fogo.

Espere esfriar e modele os croquetes. Passe-os pelas claras em neve, depois pela farinha de rosca, coloque-os em forma untada e asse em fogo médio por 25 minutos.

MOLHO
Em uma tigela, misture a maionese, o café, a mostarda, a cebolinha, o orégano, o sal, a noz-moscada e a pimenta vermelha. Sirva acompanhando os croquetes.

Quitutes de Boteco
Comida de bar no encontro com os amigos

⏱ 45 MINUTOS DE PREPARO
🍴 4 PORÇÕES

Croquete de aipim

Ingredientes
- 1 xíc. (chá) de aipim cozido e amassado (125 g)
- 1 col. (sobrem.) de salsicha picada
- ½ col. (chá) de noz-moscada
- ½ col. (chá) rasa de sal
- 1 col. (chá) cheia de margarina
- 2 fatias finas de queijo muçarela
- 1 clara batida
- ½ xíc. (chá) de farinha de rosca

Modo de preparo

Misture os ingredientes, com exceção do queijo muçarela, da clara de ovo batida e da farinha de rosca.

Amasse bem e forme 4 croquetes, recheando-os com ½ fatia fina de queijo muçarela cada um.

Passe-os na clara batida e, em seguida, na farinha de rosca.

Coloque-os numa forma refratária untada, cubra com papel-alumínio e leve ao forno por 20 minutos, retirando o papel-alumínio no final para dourar.

1 HORA DE PREPARO
5 PORÇÕES

Croquete de feijoada

Ingredientes
- 1 kg de feijão-preto
- 4 maços de couve
- 200 g de polvilho azedo
- 600 g de farinha de mandioca
- 300 g de farinha de trigo
- 300 g de farinha de rosca
- 6 ovos
- 300 g de bacon
- 2 cebolas
- 2 cabeças de alho esmagadas
- 50 ml de azeite de oliva
- Salsinha a gosto

Modo de preparo

Cozinhe o feijão e bata no liquidificador. Aqueça o azeite, refogue a cebola e o alho. Junte o feijão.

Dê o ponto com a farinha de mandioca (a massa não pode estar grudando na mão).

Ao final, adicione o polvilho azedo e a salsinha. Em outra frigideira, frite o bacon e depois coloque a couve até ficar mole.

Recheie a massa com a couve, o bacon e congele. No dia seguinte, empane com farinha de trigo, ovo, farinha de rosca e frite.

Receitas Maravilhosas
Receber em Casa

🕒 1 HORA E 20 MINUTOS
DE PREPARO
🍴 6 PORÇÕES

Croquete de hadoque defumado e amêndoa

Ingredientes

- 600 g de batata descascada
- 500 g de filé de hadoque defumado
- 100 ml de vinho branco
- 30 g de manteiga sem sal
- Sal e pimenta-do-reino a gosto
- 2 colheres (sopa) de alcaparra lavada e picada
- 3 ovos médios
- 120 g de amêndoa triturada
- 50 g de migalhas de pão fresco (integral ou branco)
- Óleo de canola para untar

Modo de preparo

Cozinhe a batata em água e sal. Enquanto isso, coloque o hadoque em uma panela com a pele voltada para baixo. Corte-o para caber em uma única camada, se necessário. Regue com vinho, acrescente a manteiga e tempere com pouco sal e pimenta-do-reino. Leve ao fogo. Ao levantar fervura, tampe a panela e cozinhe em fogo baixo por 7 minutos. Transfira os filés para um prato e deixe descansar por 10 minutos. Escorra a batata em uma peneira.

Espere de 1 a 2 minutos para que a umidade da superfície evapore e, então, passe pelo espremedor. Despeje o suco dos filés que se formou no prato para uma panela e deixe ferver até reduzir. Desmanche o hadoque em lascas, descartando a pele, e misture com o purê de batatas e o caldo reduzido. Junte alcaparra e tempero a gosto. Bata um dos ovos e incorpore à mistura. Pegue 1 colher (sopa) cheia da mistura e modele os croquetes (cerca de 12 unidades). Reserve-os em um prato ou bandeja. Aqueça o forno a 220º C. Misture as amêndoas com o farelo de pão.

Bata os ovos restantes. Mergulhe os croquetes no ovo batido e, depois, na mistura de amêndoa e pão. Acomode-os em assadeira untada com óleo, deixando-os distantes uns dos outros. Regue com um pouco mais de óleo e asse por 30 minutos, virando-os na metade do tempo.

⏱ 50 MINUTOS DE PREPARO
🍴 10 PORÇÕES

Empadinha de queijo com milho-verde

Ingredientes

- 1 lata de milho-verde em conserva
- 2 xícaras (chá) de farinha de trigo
- 1 colher (chá) de sal
- 8 colheres (sopa) de manteiga
- 4 gemas médias
- 3 xícaras (chá) de queijo de minas padrão ralado
- 1 caixinha de creme de leite

Modo de preparo

Peneire a farinha de trigo com o sal em uma tigela. Acrescente 5 colheres (sopa) de manteiga, as gemas e 3 colheres (sopa) de água.

Misture até a massa ficar homogênea e sove em uma superfície lisa e enfarinhada por 5 minutos. Com a manteiga restante, unte 10 formas (com capacidade para 100 ml) e forre com a massa (fundo e laterais). Recheie com o milho-verde misturado com o queijo e o creme de leite. Leve ao forno preaquecido em temperatura média (180 °C) por 35 minutos, ou até dourarem. Retire do forno, desenforme ainda quente, decore com ervas e sirva.

1 HORA DE PREPARO
15 PORÇÕES

Empanadas de frango com massa integral

Ingredientes

- ¼ de xícara (chá) de leite morno
- 5 colheres (sopa) de azeite de oliva extravirgem
- 1 colher (café) de sal
- 1 ovo
- 2 xícaras (chá) de farinha integral
- 1 cebola picada
- 3 dentes de alho triturados
- 1 fio de azeite de oliva extravirgem
- 250 g de peito de frango desfiado
- 100 g de requeijão
- ½ lata de milho-verde

Modo de preparo

Em uma vasilha grande, misture o leite, o azeite, o sal, o ovo e adicione a farinha aos poucos, até obter uma massa homogênea. Cubra com um pano e deixe a massa descansar por cerca de 10 minutos.

Enquanto isso, refogue a cebola e o alho com um fio de azeite e acrescente o frango desfiado. Quando dourar, adicione o requeijão e o milho. Deixe esfriar. Com o auxílio de um cortador de massa, corte 15 círculos de tamanho médio. Empregue o recheio já frio e feche a massa, apertando as pontas com um garfo para que fiquem bem fechadas. Pincele azeite por cima da massa e leve as empanadas para assar em forno preaquecido a 180 °C até a superfície dourar

Receitas Maravilhosas
Receber em Casa

⏱ 1 HORA DE PREPARO
🍴 15 PORÇÕES

Bruschetta
de carne louca

Ingredientes
- 1 peça de lagarto (2 kg)
- ¼ de xícara (chá) de azeite
- 2 tabletes de caldo de carne
- 1 cebola roxa
- 2 dentes de alho
- Sal a gosto
- 1 pimenta dedo-de-moça
- ½ xícara (chá) de vinho tinto
- Água o suficiente para cobrir a carne

VINAGRETE
- ½ kg de tomate sem semente picado
- 3 cebolas picadas
- ½ xícara (chá) de alho-poró picado
- 1 pimentão vermelho pequeno picado
- 1 pimentão amarelo pequeno picado
- ½ xícara (chá) de azeitona preta picada
- 1 xícara (chá) de azeite
- ¼ de xícara (chá) de vinagre branco
- Sal a gosto
- Folhas de manjericão

BRUSCHETTA
- 4 filões de pão italiano
- 3 dentes de alho
- Azeite a gosto
- Queijo parmesão ralado a gosto

Modo de preparo
Doure a carne no azeite. Adicione os tabletes de caldo, a cebola, o alho, o sal, a pimenta, o vinho tinto e a água. Cozinhe na pressão por 45 minutos, em média. Deixe esfriar e leve para gelar. Corte em fatias finas.

VINAGRETE
Misture todos os ingredientes.

BRUSCHETTA
Corte os pães em fatias.
Esfregue alho em cada fatia e regue com azeite. Leve ao forno para assar até dourar. Sobre cada fatia de pão, acomode a carne fatiada, cubra com o vinagrete e salpique parmesão. Sirva.

Dica:
Recheie os pães com frios, atum ou frango desfiado com requeijão.

28

Quitutes de Boteco
Comida de bar no encontro com os amigos

Receitas Maravilhosas
Receber em Casa

⏱ **1 HORA DE PREPARO**
🍴 **24 PORÇÕES**

Miniempada de carne

Ingredientes

- 2 e ½ xíc. (chá) de farinha de trigo
- 3 col. (sopa) de manteiga
- 1 col. (sobrem.) de sal
- ½ xíc. (chá) de água morna
- 1 gema para pincelar

RECHEIO

- 1 col. (sopa) de azeite
- 1 cebola média picada
- 2 xíc. (chá) de carne magra moída
- 1 col. (chá) de especiarias árabes (misture noz-moscada, cominho, canela, cravo-da-índia, pimenta-do-reino e coentro)
- 1 col. (chá) de gengibre fresco ralado
- 1 col. (sopa) de uvas-passas
- 2 col. (sopa) de amêndoas sem pele em lâminas
- Sal a gosto

Modo de preparo

MASSA

Em uma tigela, coloque a farinha, a manteiga e o sal. Misture com as mãos até formar uma farofa. Acrescente a água e misture mais um pouco. Despeje em uma superfície e amasse bem até obter uma massa lisa. Embrulhe em papel alumínio e deixe descansar por 10 minutos.

RECHEIO

Aqueça uma frigideira com o azeite e refogue a cebola e a carne. Junte as especiarias, o gengibre e o sal. Retire do fogo e junte a uva-passa e as amêndoas. Reserve por duas horas na geladeira.

Abra a massa sobre uma superfície enfarinhada. Recorte discos de 8 cm e coloque 1 col. (sopa) de recheio bem ao centro do disco. Umedeça as bordas da massa com água e feche as empanadas. Bata um ovo, pincele as empanadas e asse-as.

Quitutes de Boteco
Comida de bar no encontro com os amigos

Receitas Maravilhosas
Receber em Casa

⏱ **1 HORA DE PREPARO**
🍴 **24 PORÇÕES**

Pacotinho caprese

Ingredientes

- 1 xíc. (chá) de queijo muçarela em cubinhos
- 2 tomates sem pele nem sementes cortados em cubinhos
- 10 folhas de manjericão fresco picadas
- 2 col. (sopa) de queijo parmesão ralado
- 2 col. (sopa) de queijo cremoso
- Sal e pimenta a gosto
- 24 massas para empanadas (compre-as prontas)
- 1 ovo batido

Modo de preparo

Misture a muçarela, o tomate, o manjericão, o queijo parmesão, o queijo cremoso e tempere a gosto com o sal e a pimenta. Mexa bem para incorporar os ingredientes.

Sobre cada massa, coloque uma colherada do recheio no centro. Umedeça as bordas com água, pegue uma das pontas e leve-a até o centro.

Pegue a outra ponta e coloque-a sobre a anterior. Dobre as outras duas pontas para o centro, fazendo pressão. Pincele com o ovo batido e asse em forno médio preaquecido até que doure.

Sobre cada massa, coloque uma colherada do recheio no centro. Umedeça as bordas com água. Pegue uma ponta da massa e coloque-a sobre a anterior. Dobre as outras duas pontas para o centro.

Quitutes de Boteco
Comida de bar no encontro com os amigos

⏱ 1 HORA E 50 MINUTOS DE PREPARO
🍴 20 PORÇÕES

Pastelzinho de feira

Ingredientes

MASSA
- 500 g de farinha de trigo
- 3 ovos
- 110 ml de cachaça
- Sal a gosto
- Óleo para fritar

RECHEIO
- 50 ml de óleo
- 1 cebola picada
- 1 dente de alho amassado
- 200 g de azeitona verde
- 1 kg de carne moída
- Sal e pimenta-do-reino moída a gosto
- Salsinha e cebolinha picadas a gosto

Modo de preparo

RECHEIO
Numa panela, coloque o óleo, a cebola, o alho e a azeitona e refogue. Acrescente a carne e deixe cozinhar. Ajuste o tempero e finalize com salsinha e cebolinha.

MASSA
Misture todos os ingredientes e sove bem, até desgrudar das mãos. Sobre uma superfície lisa e enfarinhada, abra a massa com um rolo. Corte em retângulos, recheie e frite em óleo bem quente.

40 MINUTOS DE PREPARO
20 PORÇÕES

Pastelzinho de queijo

Ingredientes

- ½ kg de farinha de trigo
- 2 ovos
- 2 colheres (sopa) de gordura vegetal
- 2 colheres (sopa) de pinga
- 1 colher (café) de sal
- 1 xícara (chá) de água fria
- 300 g de queijo muçarela cortado em cubinhos

Modo de preparo

Coloque a farinha de trigo peneirada numa vasilha e faça uma depressão no meio. Acrescente os ovos, a gordura e a pinga e vá amassando. Dissolva o sal na água fria.

Adicione a salmoura à massa aos poucos. Amasse com as mãos até obter uma massa lisa e uniforme.

Sove bem, rasgando a massa com as mãos. Junte os pedaços, amasse, bata sobre a mesa até obter uma massa bem macia que despregue das mãos. Faça uma bola, cubra a massa com um pano e deixe descansar por, pelo menos, 1 hora. Abra a massa com um rolo sobre uma superfície enfarinhada.

Coloque os cubinhos de queijo, corte a massa em quadradinhos e aperte bem as beiradas para fechar. Coloque em uma assadeira e pincele com água. Leve-os ao forno médio (180° C) até dourar dos dois lados.

Receitas Maravilhosas
Receber em Casa

Quitutes de Boteco
Comida de bar no encontro com os amigos

⏱ 50 MINUTOS DE PREPARO
🍴 20 PORÇÕES

Tomate recheado **de bacon**

Ingredientes

- 5 tomates grandes maduros
- 50 g de bacon cortado em cubos pequenos
- Folhas de 1 maço de espinafre rasgadas
- 1 colher (chá) de sal
- 1 colher (sopa) de farinha de trigo
- ½ xícara (chá) de creme de leite
- ½ xícara (chá) de muçarela ralada

Modo de preparo

Retire a tampa e a polpa dos tomates. Reserve. Em uma panela média, coloque o bacon e frite em fogo alto em sua própria gordura por 4 minutos ou até que doure.

Retire o bacon com o auxílio de uma escumadeira, escorra em papel toalha e reserve.

Junte o espinafre e cozinhe com a panela tampada por 5 minutos ou até murchar. Tempere com o sal e acrescente o bacon reservado. Junte a farinha de trigo já dissolvida em 1 colher (sopa) de água, o creme de leite e a muçarela. Misture bem e retire do fogo.

Recheie os tomates, disponha-os em um refratário pequeno untado e leve ao forno médio (180 °C), preaquecido, por 20 minutos ou até que murchem. Retire do forno e sirva em seguida como entrada.

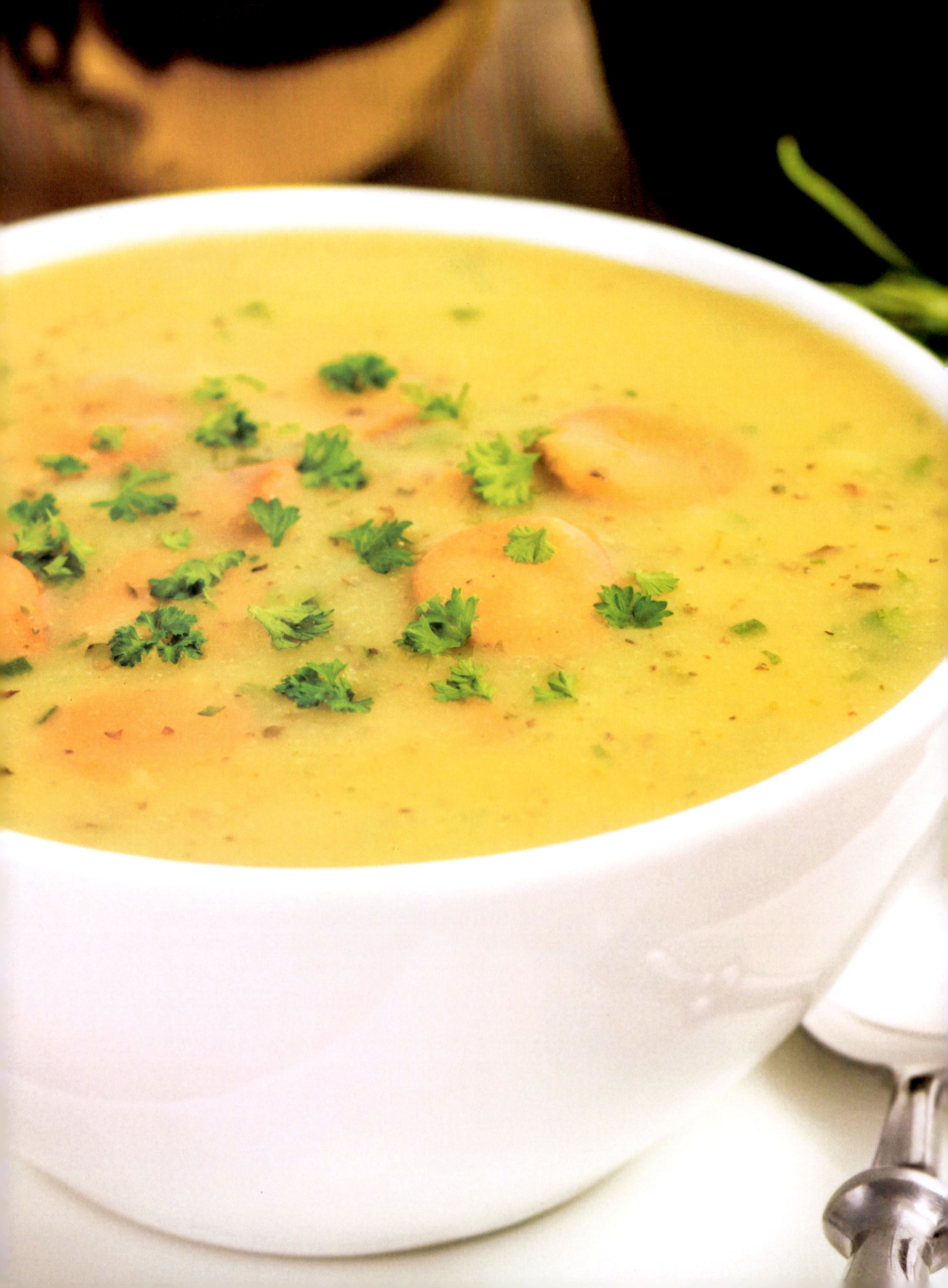

Sopas, Suflês, Tortas & Quiches

Pratos leves para encontros aconchegantes

⏰ 45 MINUTOS DE PREPARO
🍴 20 PORÇÕES

Quiche aos cinco queijos

Ingredientes

- 1 pacote de massa podre pronta
- 5 ovos
- ½ xíc. (chá) de queijo gruyère ralado
- 2 xíc. (chá) de ricota
- ½ xíc. (chá) de queijo parmesão ralado
- 1 e ½ xíc. (chá) de queijo de minas em cubinhos
- 100 g de queijo roquefort em cubinhos
- ½ copo de creme de leite
- Pimenta a gosto

Modo de preparo

Estique a massa sobre uma superfície enfarinhada até que tenha 2 mm de espessura. Corte círculos, com a ajuda de uma miniforma de tortinha. Forre miniformas com os discos de massa, fure-os com o garfo e leve-os ao forno por cerca de 15 minutos.

Bata levemente os ovos e misture com a ricota, os queijos e o creme de leite. Tempere com pimenta.

Retire as tortinhas pré-assadas do forno, distribua o creme nas forminhas e asse em forno moderado (180° C) por aproximadamente 20 minutos.

40 MINUTOS DE PREPARO
12 PORÇÕES

Quiche de alho-poró

Ingredientes

- 2 fatias de bacon
- 2 colheres (sopa) de azeite
- 500 g de alho-poró fatiado
- Sal, pimenta e salsinha a gosto
- 1 pacote de massa folhada laminada
- 250 g de cream cheese (ou requeijão cremoso)

SALADA
- Folhas verdes variadas

MOLHO
- 3 colheres (sopa) de óleo ou azeite
- 1 colher (sobremesa) de mostarda
- 1 colher (chá) de mel
- 1 colher (sobremesa) de molho de soja
- Sal e pimenta-do-reino a gosto
- Salsa para polvilhar

Modo de preparo

Em uma panela, refogue o bacon no azeite e acrescente o alho-poró. Desligue o fogo e acrescente sal, pimenta e salsinha. Deixe esfriar. Em uma forma redonda, coloque a massa folhada laminada, acomode o recheio e cubra com cream cheese. Leve ao forno para gratinar.

SALADA
Lave as folhas e seque bem. Disponha numa saladeira.

MOLHO
No liquidificador, coloque todos os ingredientes, menos a salsa, e bata bem até homogeneizar. Na hora de servir, adicione a salsa ao molho e regue a salada.

Receitas Maravilhosas
Receber em Casa

🕐 1 HORA DE PREPARO
🍴 20 PORÇÕES

Quiche de carne-seca

Ingredientes

MASSA
- 500 g de farinha de trigo
- 250 g de margarina
- 1 ovo inteiro + 1 gema
- 20 g de sal

RECHEIO
- 200 g de carne-seca dessalgada e desfiada
- 100 g de ricota picada
- 1 cebola picada
- 1 ovo
- 100 ml de creme de leite
- Pimenta-do-reino a gosto

Modo de preparo

MASSA

Numa travessa, misture todos os ingredientes até obter uma massa que não grude nas mãos.

Transfira a mistura para um saco plástico e deixe descansar por 30 minutos na geladeira (esse processo é indicado para deixar a massa mais macia).

Depois desse período, abra a massa sobre uma superfície lisa e enfarinhada.

Acomode em forminhas próprias – ou numa única forma. Dependendo da receita escolhida, a massa pode ser assada antes ou juntamente com o recheio, em forno preaquecido, a 220º C, por cerca de 20 minutos ou até dourar.

RECHEIO

Misture a carne-seca com a ricota. Adicione a cebola, o ovo, o creme de leite e a pimenta. Misture para incorporar bem. Recheie a massa e leve ao forno até dourar.

Sopas, Suflês, Tortas & Quiches
Pratos leves para encontros aconchegantes

Receitas Maravilhosas
Receber em Casa

🕐 1 HORA DE PREPARO
🍴 20 PORÇÕES

Quiche de cogumelo com bacon e requeijão

Ingredientes

MASSA
- 500 g de farinha de trigo
- 250 g de margarina
- 1 ovo inteiro + 1 gema
- 20 g de sal

RECHEIO
- 100 g de cogumelo picado
- 100 g de bacon picado
- 200 g de requeijão
- 1 colher (sopa) de salsinha picada
- Tempero a gosto
- 1 colher (sopa) de farinha de trigo

Modo de preparo

MASSA

Numa travessa, misture todos os ingredientes até obter uma massa que não grude nas mãos.

Transfira a mistura para um saco plástico e deixe descansar por 30 minutos na geladeira (esse processo é indicado para deixar a massa mais macia).

Depois desse período, abra a massa sobre uma superfície lisa e enfarinhada.

Acomode em forminhas próprias – ou numa única forma. Dependendo da receita escolhida, a massa pode ser assada antes ou juntamente com o recheio, em forno preaquecido, a 220º C, por cerca de 20 minutos ou até dourar.

RECHEIO

Misture muito bem o cogumelo e o bacon com o requeijão. Adicione a salsinha e temperos a gosto. Polvilhe com a farinha de trigo e mexa bem. Recheie a massa e leve ao forno para dourar.

Sopas, Suflês, Tortas & Quiches
Pratos leves para encontros aconchegantes

⏱ 1 HORA DE PREPARO
🍴 8 PORÇÕES

Quiche de palmito

Ingredientes

PARA O RECHEIO
- 1 cebola picada
- 2 dentes de alho picados
- 3 ovos
- ¾ de xíc. (chá) de leite
- ¾ de xíc. (chá) de creme de leite
- Sal e pimenta a gosto
- 300 g de palmito
- 100 g de alcachofras
- 100 g de queijo parmesão ralado
- ½ col. (chá) de páprica
- 2 col. (sopa) de salsa picada

PARA A MASSA
- 300 g de farinha de trigo branca
- 150 g de margarina
- 1 ovo
- 1 pitada de sal

Modo de preparo

Misture todos os ingredientes da massa até que fique homogênea. Estenda-a completamente sobre uma forma untada com margarina.

Com um garfo, faça furos na base da massa e leve ao congelador por 10 minutos para endurecer. Asse a 200° C por 10 minutos sem deixar que doure demais. Deixe esfriar.

PARA O RECHEIO

Refogue a cebola e o alho. À parte, bata os ovos, o leite, o creme de leite, o sal e a pimenta. Adicione a cebola e o alho refogados, o palmito, as alcachofras e o queijo.

Recheie a massa, polvilhe com a páprica e a salsa e asse por 20 a 25 minutos.

40 MINUTOS DE PREPARO
4 PORÇÕES

Sopa Carotenada

Ingredientes

- 2 col. (sopa) de azeite
- 1 col. (chá) de açafrão ou cúrcuma
- 2 cenouras cortadas em rodelas
- 1 abóbora "paulista" cortada em cubos
- 1 cebola ralada
- 1 xíc. (chá) de mandioquinha cortada em cubos
- 2 tomates picados em cubos
- 2 litros de água
- 1 cubo de caldo de legumes
- 2 col. (sopa) de cebolinha picada
- 2 col. (sopa) de salsinha picada
- Pimenta-do-reino branca
- Sal a gosto

Modo de preparo

Aqueça o azeite e refogue a cebola até que fique macia. Acrescente o açafrão e os legumes e deixe cozinhar por alguns minutos.

Junte a água e o caldo de legumes. Ferva por cerca de 30 minutos.

Adicione a cebolinha, a salsinha e a pimenta-do-reino branca. Sirva a seguir.

⏱ 1 HORA DE PREPARO
🍴 6 PORÇÕES

Sopa de galinha

Ingredientes

- ½ maço de salsinha
- 1 buquê garni
- 1 cenoura em cubos
- 2 batatas em cubos
- ½ xíc. (chá) de repolho branco picado
- 1 cebola média picada
- 2 e ½ xíc. (chá) de frango em pedaços pequenos
- Sal e pimenta a gosto
- 1 litro de água

Modo de preparo

Amarre os caules da salsinha usando linha para cozinha e reserve.

Prepare um buquê garni, coloque pimenta-preta, 1 folha de louro, tomilho e alho num pedaço de tecido de algodão; amarre com linha para cozinha e reserve.

Numa panela grande, coloque a salsinha, o buquê garni, a cenoura, as batatas, a cebola, o repolho e o frango. Adicione a água, tempere com sal e pimenta e cozinhe em fogo alto por cerca de 15 minutos. Abaixe o fogo e cozinhe por mais 25 minutos para cozinhar bem o frango.

Retire os caules da salsinha e o buquê garni e sirva a sopa acompanhada de salsinha picada.

40 MINUTOS DE PREPARO
4 PORÇÕES

Sopa fria de beterraba

Ingredientes

- 1 cebola bem picada
- 1 col. (chá) de azeite de oliva
- 2 beterrabas cortadas em cubinhos
- 2 xíc. (chá) de água
- 1 col. (café) de sal
- 1 pote de iogurte (200 g)
- 1 xíc. (chá) de leite
- 40 g de pepinos pequenos em conserva

Modo de preparo

Doure a cebola no azeite, junte as beterrabas e a água.

Adicione o sal e cozinhe em fogo baixo.

Espere esfriar, acrescente o iogurte e o leite. Bata tudo no liquidificador. Despeje em duas cumbucas, acrescente os pepininhos e sirva fria.

⏲ 1 HORA DE PREPARO
🍴 10 PORÇÕES

Suflê de abóbora e carne-seca

Ingredientes

- 300 g de carne-seca sem gordura
- 1 cebola picada
- 2 tomates picados, sem pele e sem sementes
- 2 ovos (claras e gemas separadas)
- 1 e ½ xíc. (chá) de abóbora/moranga cozida e amassada
- ½ xíc. (chá) de leite
- 1 col. (sopa) de farinha de trigo

Modo de preparo

Deixe a carne-seca de molho por 24 horas na geladeira, trocando a água, no mínimo, 5 vezes. Cozinhe a carne em panela de pressão por aproximadamente 30 minutos, ou até ficar macia. Desfie a carne fria e coloque em uma panela com a cebola e o tomate. Deixe cozinhar por mais 20 minutos, pingando água se necessário.

Coloque a carne no fundo de uma forma média para suflê. Bata as claras em neve e reserve. Bata a abóbora com o leite no liquidificador e coloque em uma panela com a farinha de trigo. Leve ao fogo para engrossar, mexendo sempre. Retire e espere amornar. Adicione as gemas e as claras batidas em neve. Coloque sobre a carne-seca. Leve ao forno preaquecido (180º C) e deixe por cerca de 30 minutos. Sirva em seguida.

⏱ 1 HORA E 30 MINUTOS DE PREPARO
🍴 10 PORÇÕES

Suflê de alho-poró

Ingredientes

- 2 xíc. (chá) de alho-poró picado (sem as folhas)
- 2 col. (sopa) de margarina
- 2 col. (sopa) de farinha de trigo
- 1 e ½ xíc. (chá) de leite
- 6 gemas
- 250 g de requeijão
- 1 col. (chá) de noz-moscada ralada
- Sal a gosto
- 6 claras em neve
- 1 col. (chá) de margarina para untar

Modo de preparo

Refogue o alho-poró com a margarina numa panela e reserve.

Toste a farinha de trigo em outra panela e bata no liquidificador com o leite e as gemas.

Leve ao fogo baixo para engrossar.

Acrescente o alho-poró refogado e o sal. Esfrie. Preaqueça o forno.

Bata as claras em neve, junte delicadamente o requeijão, as claras e a noz-moscada ralada. Adicione à mistura o creme de alho-poró.

Coloque em refratário grande untado com margarina e leve ao forno médio (180º C) por 45 minutos ou até dourar.

Receitas Maravilhosas
Receber em Casa

Suflê de macarrão com queijos

🕐 **1 HORA DE PREPARO**
🍴 **10 PORÇÕES**

Ingredientes

MASSA
- 3 xícaras (chá) de macarrão cozido (aproveite sobras)
- 500 ml de leite frio
- 1 colher (sopa) de cebola cortada em cubinhos
- 1 envelope de caldo de legumes em pó
- 4 gemas
- 100 ml de óleo
- 1/2 xícara (chá) de farinha
- 1 colher (sopa) de fermento em pó
- 50 g de queijo parmesão
- 50 g de queijo provolone
- 1/2 xícara (chá) de cheiro-verde fresco picado
- Sal e pimenta-do-reino a gosto
- 4 claras batidas em neve

RECHEIO
- 1 colher (sopa) de queijo gorgonzola ralado grosso
- 100 g de queijo prato ralado ou cortado em cubinhos
- 4 colheres (sopa) de requeijão
- Noz-moscada e pimenta-do-reino

COBERTURA
- 50 g de parmesão ralado
- 2 colheres (sopa) de farinha de rosca

Modo de preparo

MASSA
Bata no liquidificador o macarrão cozido, o leite, a cebola, o caldo de legumes e as gemas.

Em uma tigela, misture a farinha com o fermento, os queijos e o cheiro-verde.

Tempere com sal e pimenta-do-reino a gosto. Misture as claras em neve e reserve.

RECHEIO
Misture os queijos com o requeijão, tempere com noz-moscada, pimenta-do-reino a gosto. Reserve.

Unte 10 potinhos individuais de vidro e polvilhe-os com um pouco de farinha de rosca. Coloque uma porção de massa no pote, espalhe o recheio e cubra com mais um pouco de massa. Coloque a cobertura e leve para assar até dourar.

Sopas, Suflês, Tortas & Quiches
Pratos leves para encontros aconchegantes

1 HORA DE PREPARO
4 PORÇÕES

Suflê de milho

Ingredientes
- 2 latas de milho
- 2 col. (sopa) de queijo parmesão ralado
- 1 col. (chá) de sal
- 1 e ½ copo de leite
- 1 peça de ricota
- 2 ovos

Modo de preparo
Escorra o milho e bata com os outros ingredientes no liquidificador.

Despeje numa forma redonda de 20 cm de diâmetro e asse em fogo médio por cerca de 40 minutos.

⏱ 1 HORA DE PREPARO
🍽 4 PORÇÕES

Suflê de queijo

Ingredientes

- 4 ovos
- 1 xícara (chá) de queijo prato ralado
- 1 xícara (chá) de queijo parmesão ralado
- 1 copo de leite em pó integral reconstituído
- 1 caixinha (200g) de creme de leite
- 1 colher (sopa) de farinha de trigo peneirada
- 2 e ½ colheres (sopa) de manteiga
- Noz-moscada, pimenta-do-reino e sal a gosto

Modo de preparo

Aqueça a manteiga, junte a farinha de trigo e, aos poucos, acrescente o leite. Mexa bem em fogo baixo, junte as gemas batidas com o creme de leite, sal, pimenta-do-reino, noz-moscada e os queijos.

Deixe esfriar. Batas as claras em neve e incorpore delicadamente à mistura de queijo. Passe para uma forma de suflê (cerca de 20 cm de diâmetro) untada e leve ao forno médio a 180°C por aproximadamente 30 minutos. Sirva imediatamente.

50 MINUTOS DE PREPARO
8 PORÇÕES

Torta de queijo

Ingredientes

MASSA
- 1 xícara (chá) de farinha de trigo
- 100 g de margarina em temperatura ambiente
- 2 gemas
- Sal a gosto
- Óleo até ligar a massa (se necessário)

RECHEIO
- 4 ovos
- 2 claras
- 1 colher (sopa) de margarina derretida
- 170 ml de leite
- 1 xícara (chá) de queijo ralado

Modo de preparo

MASSA

Coloque todos os ingredientes na batedeira, menos o óleo, bata até obter uma massa homogênea. Se for necessário, adicione óleo até dar liga na massa.

Unte uma forma ou pirex com óleo e farinha de trigo e espalhe a massa com a ponta dos dedos.

RECHEIO

Coloque todos os ingredientes no copo do liquidificador. Bata até que tudo esteja bem agregado.

Coloque o recheio na massa e leve ao forno preaquecido a 180 °C por cerca de 40 minutos, até que fique bem dourada. Retire e sirva.

1 HORA DE PREPARO
8 PORÇÕES

Torta folhada de shiitake

Ingredientes
- 1 bloco de massa folhada congelada
- ½ xíc. (chá) de azeite
- 1 cebola em fatias finas
- 2 xíc. (chá) de cogumelo shiitake fatiado
- 4 col. (sopa) de vinagre balsâmico
- Sal a gosto
- 2 claras
- ¼ de xíc. (chá) de queijo parmesão

Modo de preparo

Descongele a massa folhada conforme as instruções do fabricante. Em uma superfície lisa, abra a massa com um rolo até obter um disco de 27 cm de diâmetro. Com ela, forre uma forma de fundo removível de 25 cm de diâmetro e faça furos com um garfo. Asse em forno moderado preaquecido por cerca de 30 minutos ou até a massa ficar bem dourada. Reserve.

Em uma frigideira, coloque o azeite e refogue a cebola até dourar. Junte o cogumelo e o vinagre aos ingredientes e cozinhe por 2 minutos. Tempere com sal a gosto.

Recheie a massa com o refogado de cogumelo, deixando espaço para a cobertura. Na batedeira, bata as claras até obter picos firmes.

Cubra a torta com as claras batidas e polvilhe com o queijo. Asse em forno médio até dourar ligeiramente (cerca de 30 minutos).

Receitas Maravilhosas
Receber em Casa

🕐 **1 HORA DE PREPARO**
🍴 **15 PORÇÕES**

Torta goiana

Ingredientes

MASSA
- 1 kg de farinha de trigo
- 180 g de manteiga
- 6 ovos
- 1 colher (chá) de sal
- 1 colher (chá) de açúcar
- Leite o suficiente

RECHEIO
- 2 peitos de frango cozidos e desfiados
- 500 g de pernil cozido e desfiado
- 200 g de queijo fresco
- 200 g de linguiça de frango em rodelas e frita
- 500 g de azeitona verde sem caroço
- Molho de tomate a gosto

Modo de preparo

Misture todos os ingredientes da massa e sove até que ela desgrude das mãos. Deixe descansar por 3 horas. Abra a massa com um rolo sobre uma superfície lisa e enfarinhada.

Cubra com parte dela a base de 15 formas com cerca de 10 cm de diâmetro. Distribua o recheio em camadas: uma de frango, uma de pernil, uma de queijo, uma de linguiça, uma de azeitonas. Coloque um pouco de molho de tomate.

Cubra tudo com a massa, fechando as bordas. Leve ao forno preaquecido a 180º C para assar até dourar.

Sopas, Suflês, Tortas & Quiches
Pratos leves para encontros aconchegantes

Receitas Maravilhosas
Receber em Casa

Torta suflê
de macarrão

🕐 **1 HORA DE PREPARO**
🍴 **20 PORÇÕES**

Ingredientes

- 3 xícaras (chá) de macarrão no formato argolinha cozido
- 2 xícaras (chá) de leite
- 2 cenouras cozidas
- 1/2 xícara (chá) de óleo
- 2 colheres (sopa) de farinha de trigo
- 4 gemas
- Sal e pimenta-do-reino a gosto
- 1 colher (sobremesa) de fermento em pó
- 4 claras em neve

MASSA
- 300 g de massa filo
- 50 g de manteiga derretida

RECHEIO
- 1 colher (sopa) de manteiga
- 1 colher (sopa) de óleo
- 1 xícara (chá) de cebola em cubos
- 1 xícara (chá) de cenoura em cubos
- 1 xícara (chá) de vagem aferventada fatiada bem fininho
- 1 lata de milho-verde em conserva
- 1 xícara (chá) de brócolis cozido
- 1 xícara (chá) de couve-flor cozida
- Sal e pimento-do-reino a gosto
- 2 colheres (sopa) de cheiro-verde
- 100 g de queijo de minas cortado em cubinhos

COBERTURA
- 200 g de queijo parmesão ralado

Modo de preparo

MASSA
Abra o rolinho da massa e siga as instruções da embalagem. Corte quadrados maiores que a forma para dar um visual mais bonito. Pincele cada folha de massa com a manteiga e vá sobrepondo de maneira desigual. Repita o processo com quatro camadas de massa. Forre uma forma de fundo removível e reserve.

RECHEIO
Em uma panela, coloque a manteiga e leve ao fogo para derreter. Junte a cebola e refogue. Junte a cenoura, a vagem, o milho, os brócolis, a couve-flor e tempere com sal e pimenta a gosto. Retire do fogo, junte o cheiro-verde e reserve. Utilize frio na massa.

SUFLÊ
Reserve o fermento e as claras em neve. Bata os ingredientes restantes no liquidificador e cozinhe bem. Deixe esfriar e agregue o fermento e as claras delicadamente.

MONTAGEM
Coloque o recheio na forma reservada com a massa, espalhe o queijo e cubra com o suflê. Polvilhe o queijo parmesão e leve ao forno para assar.

Sopas, Suflês, Tortas & Quiches
Pratos leves para encontros aconchegantes

Receitas Maravilhosas
Receber em Casa

Pavê
salgado de forno

🕐 50 MINUTOS DE PREPARO
🍴 15 PORÇÕES

Ingredientes

- 2 pacotes de pão de forma sem casca
- Manteiga e farinha de rosca para untar o refratário

MOLHO BECHAMEL
- 75 g de manteiga
- 5 colheres (sopa) rasas de farinha de trigo (60 g)
- 1 envelope de caldo de legumes em pó
- 1 litro de leite integral tipo B frio
- 3 colheres (sopa) de queijo parmesão ralado
- 200 g de creme de leite UHT
- Sal, pimenta-do-reino moída e noz-moscada a gosto

RECHEIO
- 250 g de presunto cozido ralado
- 150 g de muçarela ralada
- 1 xícara (chá) de alho-poró picado, escaldado e com temperos a gosto

MOLHO BECHAMEL
- 2 colheres (sopa) de nozes picadas
- 2 colheres sopa de uvas-passas sem sementes (opcional)

PARA A COBERTURA
- Molho bechamel
- 150 g de muçarela
- 200 g de queijo prato
- 100 g de queijo parmesão ralado

Modo de preparo

MOLHO BECHAMEL

Em uma panela, aqueça a manteiga e doure a farinha.

Junte o leite frio aos poucos e mexa constantemente para não formar grumos.

Tempere com o caldo de legumes, sal, pimenta e noz-moscada a gosto e cozinhe até engrossar. Quando morno, junte o creme de leite e bata rapidamente com um mixer. Reserve para a montagem.

MONTAGEM

Unte um refratário regular grande com manteiga e polvilhe com farinha de rosca.

Distribua no fundo uma camada de pão, espalhe metade do creme bechamel, polvilhe com o presunto, o queijo muçarela, o alho-poró, as nozes e as uvas-passas. Em seguida, cubra com outra camada de pão e finalize com o restante do creme bechamel e os queijos da cobertura.

Leve ao forno a 180 °C e asse até que esteja gratinado e borbulhando.

Sopas, Suflês, Tortas & Quiches
Pratos leves para encontros aconchegantes

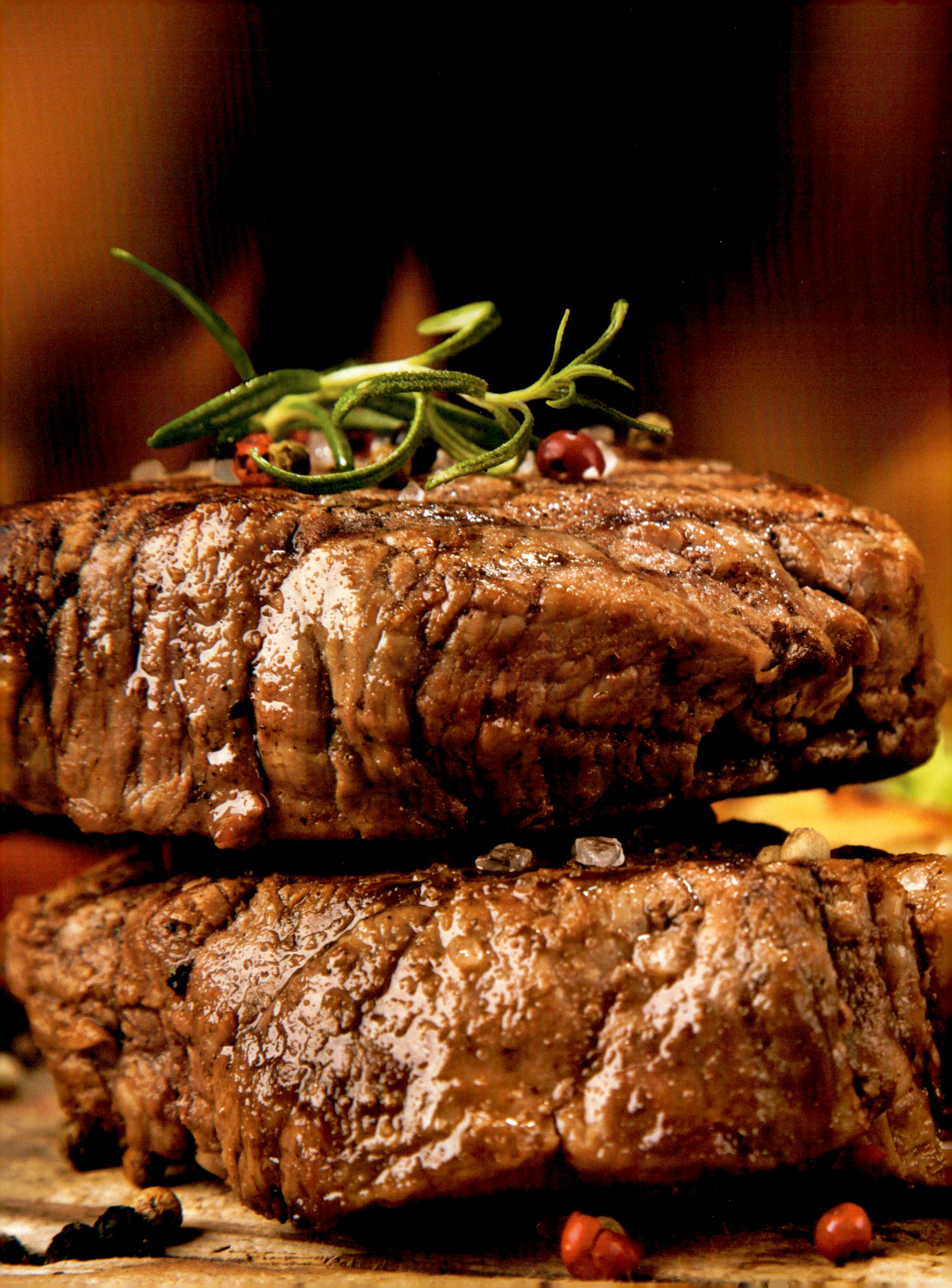

Delícias com Carnes
Ideias rápidas para carnes bovina, suína e de frango

Receitas Maravilhosas
Receber em Casa

⏱ 30 MINUTOS DE PREPARO
🍴 6 PORÇÕES

Costelas de porco
com páprica

Ingredientes

- 1 kg de costeletas de porco cortadas no osso
- 1 colher (sobremesa) de páprica doce
- 1 colher (sobremesa) de páprica picante
- 3 dentes de alho picados
- Sal e pimenta-do-reino a gosto
- Suco de 3 limões
- ½ xícara (chá) de azeite
- 200 g de creme de leite fresco

Modo de preparo

Na véspera, tempere as costeletas com as pápricas, o alho, o sal, a pimenta e o limão e deixe na geladeira. No dia seguinte, coloque o azeite na panela de pressão e frite a carne até dourar. Cubra com água fervendo e tampe a panela.

Após pegar pressão, cozinhe por 15 minutos. Depois, retire as costeletas e deixe ferver o molho que se formou na panela até reduzir pela metade. Adicione o creme de leite e deixe ferver por mais uns 3 minutos.

Acerte os temperos e sirva com arroz branco.

Delícias com Carnes
Ideias rápidas para carnes bovina, suína e de frango

⏱ 1 HORA E 20 MINUTOS DE PREPARO
🍴 6 PORÇÕES

Arroz carreteiro

Ingredientes

- 500 g de carne-seca magra
- 1 cebola picada
- 1 col. (sopa) de azeite de oliva
- 1 xíc. (chá) de arroz
- 1 chuchu médio descascado e ralado
- 2 tomates maduros, sem pele e sem sementes
- 4 col. (sopa) de cheiro-verde picado.

Modo de preparo

Deixe a carne-seca de molho em bastante água, durante 24 horas, em local refrigerado, trocando a água no mínimo 5 vezes.

Lave bem a carne e cozinhe em panela de pressão por 40 minutos ou até ficar macia.

Deixe esfriar e desfie.

Aqueça uma panela antiaderente e refogue a cebola no azeite.

Junte o arroz, o chuchu e o tomate. Acrescente a carne-seca e adicione 2 xícaras (chá) de água fervente.

Deixe a panela semitampada e cozinhe até secar. Retire, adicione o cheiro-verde e deixe tampado por 10 minutos antes de servir.

⏱ 1 HORA DE PREPARO
🍴 8 PORÇÕES

Rocambole de carne com legumes e queijo

Ingredientes

MASSA
- 2 e ½ xíc. (chá) de carne moída magra
- ½ xíc. (chá) de cheiro-verde picado
- 1 cebola picada
- ½ xíc. (chá) de azeitonas verdes picadas
- 2 ovos
- 1 pão francês umedecido empedaços
- Sal e pimenta a gosto
- 1 xíc. (chá) de mussarela ralada
- 1 tomate em fatias finas
- ½ xíc. (chá) de cenoura em lascas
- ½ xíc. (chá) de vagem picada
- ½ xíc. (chá) de alho-poró picado
- 1 xíc. (chá) de molho de tomates

Modo de preparo

Em uma tigela, misture a carne, os ovos, o cheiro-verde, a cebola, o sal, a pimenta, as azeitonas e o pão amanhecido. Mexa os ingredientes com as mãos até ficarem bem incorporados (como se fosse fazer almôndegas). Reserve em geladeira por 2 horas.

Em seguida, coloque a mistura de carne sobre um papel-alumínio e espalhe formando um retângulo com 1 cm de altura.

Espalhe sobre a mistura de carne a mussarela, o tomate, a cenoura, a vagem e o alho-poró. Enrole com cuidado, usando o papel-alumínio.

Unte uma forma retangular levemente e asse em forno médio preaquecido por 40 minutos ou até dourar.

Receitas Maravilhosas
Receber em Casa

⏱ 1 HORA DE PREPARO
🍴 20 PORÇÕES

Canelone
de pernil e frango

Ingredientes

MASSA
- 700 g de massa fresca para lasanha cozida al dente

RECHEIO
- 3 xícaras (chá) de pernil de porco temperado, cozido e desfiado
- 3 xícaras (chá) de peito de frango temperado, cozido e desfiado
- 1 xícara (chá) de cheiro-verde
- 250 g de creme de leite fresco
- Sal, pimenta-do-reino e noz-moscada a gosto
- 2 colheres (sopa) de molho de tomate

MOLHO DE TOMATE
- 1 kg de tomates maduros e firmes, sem pele e sem sementes
- 3 folhas de louro
- 1/2 xícara (chá) de azeite
- 3 dentes de alho amassados
- 1 xícara (chá) de cebola picada em cubinhos
- 5 ramos de salsinha
- 2 ramos de manjericão

GRATINAR
- 100 g de muçarela ralada
- 200 g de parmesão ralado

Modo de preparo

Misture bem todos os ingredientes. Reserve.

MOLHO DE TOMATE

Bata os tomates no liquidificador. Coloque os tomates e as folhas de louro em uma panela e leve ao fogo para cozinhar até formar um molho reduzido e espesso.

Retire todas as folhas de louro do molho.

Em uma frigideira a parte, coloque o azeite, os dentes de alho, à cebola, os ramos de salsinha e refogue. Junte ao molho de tomate já apurado e bata no liquidificador ou mixer. Acrescente sal a gosto e ferva a mistura por mais 5 minutos.

MONTAGEM

Coloque porções do recheio na massa e enrole os canelones. Quando terminar de enrolar todos, coloque-os em um refratário com o molho e polvilhe a muçarela.

Por cima, coloque o queijo parmesão e leve ao forno para gratinar.

Delícias com Carnes
Ideias rápidas para carnes bovina, suína e de frango

Receitas Maravilhosas
Receber em Casa

🕒 3 HORAS DE PREPARO
🍴 10 PORÇÕES

Carne-seca
na moranga

Ingredientes

- 1 kg de carne-seca
- 3 cebolas grandes cortadas em rodelas finas
- 2 col. (sopa) de margarina
- 1 moranga madura
- 1 dente de alho picado
- Sal e pimenta-do-reino a gosto

Modo de preparo

Retire o excesso de gordura da carne-seca e corte-a em pedaços. Cubra-os com bastante água, em uma tigela grande. Vede com filme plástico e deixe de molho na geladeira, trocando a água 4 vezes por cerca de 24 horas.

Escorra e passe em água corrente.

Coloque a carne na panela de pressão, cubra com 4 xícaras (chá) de água e tampe.

Leve ao fogo alto e cozinhe em fogo médio por 1 hora ou até a carne ficar macia. Escorra a água, deixe a carne esfriar e desfie.

Em uma panela, doure a cebola na margarina em fogo baixo até que fique macia. Adicione a carne e refogue, mexendo por cerca de 10 minutos. Retire do fogo.

Preaqueça o forno (180º C). Corte uma tampa da moranga e tire as sementes, escavando com uma colher. Coloque o alho, polvilhe com sal e pimenta a gosto. Reponha a tampa na abóbora e embrulhe com papel-alumínio. Asse por 1 hora ou até que ela fique macia.

Retire do forno, desembrulhe, retire a tampa e coloque dentro a carne-seca com a cebola refogada. Misture bem e sirva em seguida.

Delícias com Carnes
Ideias rápidas para carnes bovina, suína e de frango

Receitas Maravilhosas
Receber em Casa

🕒 **30 MINUTOS DE PREPARO**
🍴 **3 PORÇÕES**

Conchas recheadas
de peito de peru

Ingredientes

- 15 conchas grandes cozidas al dente
- 2 col. (sopa) de azeite
- 4 col. (sopa) de alho-poró em tiras finas
- 2 tomates sem pele e sem sementes em cubos
- 4 fatias de peito de peru cortado em tiras finas
- 1 pitada de noz-moscada
- 1 pitada de canela em pó

PARA O MOLHO

- 1 xíc. (chá) de suco de tomate
- 2 dentes de alho picados
- 1 col. (chá) de orégano
- 2 col. (sopa) de cebolinha picada

Modo de preparo

Em uma panela, cozinhe as conchas de macarrão e reserve.

Em uma frigideira, junte o azeite, o alho-poró, o tomate, o peito de peru, a noz-moscada e a canela. Refogue por 5 minutos.

Com a ajuda de uma colher, recheie as conchas com o refogado e coloque-as num refratário. Reserve-as.

Numa tigela à parte, misture o suco de tomate, o alho, o orégano e a cebolinha. Regue a massa com o molho preparado e leve ao forno preaquecido por 10 minutos.

Delícias com Carnes
Ideias rápidas para carnes bovina, suína e de frango

Receitas Maravilhosas
Receber em Casa

Delícias com Carnes
Ideias rápidas para carnes bovina, suína e de frango

🕐 1 HORA DE PREPARO
🍴 9 PORÇÕES

Conchiglione
recheado de frango

Ingredientes

MASSA
- 500 g de macarrão conchiglione

MOLHO
- 8 tomates sem pele e sem semente cortados em cubos pequenos
- ½ cebola (pequena) picada
- 1 dente de alho amassado
- Manjericão fresco a gosto
- 150 ml de água
- 1 tablete de caldo de carne
- Azeite virgem
- Sal a gosto

RECHEIO
- 1 kg de peito de frango com osso, cozido e desfiado
- 250 g de requeijão cremoso
- Sal, pimenta-do-reino e noz-moscada a gosto
- Azeite virgem
- 1 cebola (pequena) picada
- 2 dentes de alho amassados

Modo de preparo

Coloque o conchiglione em uma panela com água para cozinhar e deixe-o até ficar al dente.

MOLHO

Com um fio de azeite, refogue a cebola e o alho. Acrescente o tomate picado e refogue um pouco.

Coloque a água e o caldo de carne.

Se necessário, adicione o sal. Refogue por 30 minutos e quando desligar o fogo, acrescente o manjericão.

RECHEIO

Em uma panela, coloque um fio de azeite. Em seguida, adicione a cebola e o alho para refogar. Acrescente o peito de frango desfiado e tempere com sal, pimenta e uma pitada de noz-moscada. Refogue e desligue o fogo. Acrescente o requeijão e misture. Unte uma assadeira com azeite. Recheie as massas, coloque-as na assadeira e cubra com o molho. Leve ao forno por 15 minutos ou até aquecer.

⏱ 45 MINUTOS DE PREPARO
🍴 4 PORÇÕES

Creme de feijão com carne-seca

Ingredientes

- 2 dentes de alho amassados
- ½ cebola média picada
- 1 col. (sopa) de azeite
- 1 folha de louro
- 1 xíc. (chá) de feijão-carioca
- 1,5 litro de água
- 1 tablete de caldo de carne
- 200 g de carne-seca desfiada e dessalgada
- 1 col. (sopa) de cheiro-verde
- Sal e pimenta vermelha

Modo de preparo

Em uma panela, doure a cebola e o alho no azeite. Junte o feijão, a água, a folha de louro e o caldo de carne.

Tempere com o sal e a pimenta-do-reino e deixe cozinhar até que o feijão fique macio.

Retire do fogo, deixe esfriar um pouco e bata no liquidificador até ficar cremoso.

Coe o caldo em uma peneira, volte à panela, acrescente a carne-seca e cozinhe por mais 10 minutos.

Sirva a seguir e polvilhe com o cheiro-verde para decorar.

30 MINUTOS DE PREPARO
12 PORÇÕES

Crepe com frango e cream cheese

Ingredientes

MASSA
- 2 ovos
- 1 xíc. (chá) de leite
- 1 xíc. (chá) de farinha de trigo
- ½ col. (chá) de sal
- 1 col. (sopa) de óleo de girassol

RECHEIO
- 1 xíc. (chá) de cream cheese
- 3 xíc. (chá) de frango cozido e desfiado
- 2 col. (sopa) de cheiro-verde picado
- Sal a gosto

Modo de preparo

RECHEIO

Em uma tigela, misture o frango desfiado, o cream cheese, o cheiro-verde e o sal. No centro de cada crepe, coloque 2 col. (sopa) de recheio e dobre as bordas (elas devem se encontrar).

MASSA

Bata no liquidificador todos os ingredientes por 3 minutos. Unte uma frigideira (de preferência antiaderente) com o óleo, aqueça e despeje meia concha de massa no centro, espalhando no resto da frigideira para formar um disco. Frite até dourar levemente e vire para fritar do outro lado. Reserve os crepes.

Receitas Maravilhosas
Receber em Casa

⏱ 50 MINUTOS DE PREPARO
🍴 10 PORÇÕES

Chica doida
de milho-verde e linguiça

Ingredientes

- 26 espigas de milho-verde
- 100 g de manteiga
- 3 dentes de alho picados
- 1 cebola picada
- 200 g de linguiça cortada em fatias e frita
- 2 pimentas-de-cheiro picadas
- 200 g de palmito
- Sal a gosto
- 200 g de jiló cortado em cubos e pré-cozido
- Cheiro-verde picado a gosto
- 200 g de requeijão cremoso
- Queijo parmesão ralado a gosto

Modo de preparo

Rale 23 espigas de milho de modo a obter uma massa. Reserve. Em uma panela, coloque a manteiga, o alho e a cebola e refogue até a cebola ficar transparente. Corte os grãos de 3 espigas e acrescente à panela.

Refogue por 5 minutos. Junte a massa de milho, a linguiça, as pimentas, o palmito e o sal e mexa bem, até adquirir ponto de polenta e o milho estar cozido (caso necessário, acrescente um pouco de leite). Desligue o fogo e reserve. Forre o fundo de uma assadeira com massa de milho. Por cima, distribua parte do jiló, do cheiro-verde e, depois, do requeijão. Repita as camadas e finalize polvilhando queijo parmesão ralado. Leve para gratinar por 20 minutos em forno preaquecido.

DICA

Se preferir, sirva o prato em cumbucas cobertas com massa folhada. Este prato é uma homenagem ao fundador de Goiânia, Pedro Ludovico Teixeira. O prato é tão tradicional no Estado que existe o Festival da Chica Doida.

Delícias com Carnes
Ideias rápidas para carnes bovina, suína e de frango

Receitas Maravilhosas
Receber em Casa

⏱ 55 MINUTOS DE PREPARO
🍴 5 PORÇÕES

Escondidinho de carne

Ingredientes

PURÊ DE BATATA
- 4 batatas médias
- ½ xíc. (chá) de leite
- 1 col. (sopa) de margarina
- Sal a gosto

REFOGADO
- 1 lata de atum
- 2 col. (sopa) de margarina
- 2 cebolas cortadas em rodelas
- 2 col. (sopa) de azeitonas pretas sem caroços fatiadas
- Sal a gosto
- 2 col. (sopa) de queijo tipo parmesão ralado

Modo de preparo

Prepare o purê descascando as batatas.

Corte-as em pedaços e cozinhe em água temperada com sal.

Escorra as batatas e passe-as pelo espremedor. Numa panela, junte a batata amassada, o leite, a margarina e o sal.

Leve ao fogo, mexendo bem, até obter um purê homogêneo. Reserve.

Prepare o refogado numa frigideira.

Junte o atum, a margarina, a cebola e refogue até que a cebola murche e fique dourada.

Junte a azeitona e misture.

Tempere com sal a gosto.

Comece a montagem do prato.

Unte 5 cumbucas (com 8 cm de diâmetro e 5 cm de altura) e preencha 1/3 de cada uma com o purê.

Distribua entre elas o refogado de atum. Finalize cobrindo cada refratário com o restante do purê de batata. Polvilhe a superfície das cumbucas com o queijo parmesão.

Leve ao forno médio (180º C), preaquecido, por cerca de 10 minutos ou até que a superfície comece a dourar. Sirva em seguida.

Delícias com Carnes
Ideias rápidas para carnes bovina, suína e de frango

Receitas Maravilhosas
Receber em Casa

⏲ 50 MINUTOS DE PREPARO
🍴 8 PORÇÕES

Escondidinho de frango

Ingredientes

- 3 kg de aipim
- 1 xícara (chá) de margarina
- 300 ml de requeijão cremoso
- 1 xícara (chá) de queijo parmesão processado
- 1 xícara (chá) de leite
- Sal e pimenta-do-reino a gosto
- 3 colheres (sopa) de azeite
- 5 dentes de alho processados
- 2 cebolas processadas
- 1 kg de frango cozido e desfiado
- 300 ml de polpa de tomate
- 1 lata de milho-verde

Modo de preparo

Comece pelo purê: em uma panela, cozinhe o aipim até ficar macio. Leve ao processador e bata com um pouco do caldo do cozimento até formar um purê.

Transfira para uma panela acrescentando margarina, requeijão, queijo parmesão e leite aos poucos. Tempere com sal e pimenta. Reserve.

RECHEIO

Em uma panela, coloque o azeite, o alho e a cebola e refogue por alguns minutos. Adicione o frango e refogue por mais alguns minutos.

Incorpore a polpa de tomate e o milho-verde e deixe apurar. Tempere com sal e pimenta a gosto. Reserve.

MONTAGEM

Em um refratário, coloque uma camada de purê, em seguida o recheio de frango, finalize então com mais uma camada de purê e polvilhe com queijo parmesão (opcional). Leve ao forno preaquecido a 200° C para gratinar e sirva em seguida.

Delícias com Carnes
Ideias rápidas para carnes bovina, suína e de frango

Receitas Maravilhosas
Receber em Casa

Delícias com Carnes
Ideias rápidas para carnes bovina, suína e de frango

⏱ 1 HORA E 25 MINUTOS DE PREPARO
🍴 30 PORÇÕES

Esfiha
de carne

Ingredientes

PARA A MASSA
- 1 col. (sopa) cheia de fermento para pão
- 1 col. (sopa) de açúcar
- 1 xíc. (chá) de água morna
- ½ xíc. (chá) de leite morno
- ½ col. (chá) de sal
- ½ xíc. (chá) de óleo
- 4 xíc. (chá) de farinha de trigo (aproximadamente)
- 1 ovo

PARA O RECHEIO
- 3 xíc. (chá) de carne moída magra (patinho)
- 1 dente de alho amassado
- 1 cebola picada
- Sal a gosto
- 2 tomates picados
- Cheiro-verde a gosto
- ½ col. (chá) de noz-moscada
- 1 gema (para pincelar)

Modo de preparo

MASSA

Em uma tigela grande e funda, coloque o fermento e o açúcar e despeje a água morna, o leite morno, o sal e o óleo. Misture bem e acrescente metade da farinha de trigo aos poucos, mexendo com uma colher de pau.

Coloque o ovo e vá acrescentando o restante do trigo. Sove a massa na própria tigela com uma das mãos (fazendo movimentos de vaivém) por cerca de 5 minutos (a massa deve ficar maleável e não grudar nas mãos). Cubra a tigela com um pano de prato e deixe a massa descansar por 1 hora em local aquecido.

RECHEIO

Refogue a carne moída com o alho e a cebola. Acrescente o sal e o tomate e refogue por cerca de 5 minutos. Retire a carne do fogo (escorra o líquido) e acrescente o cheiro-verde e a noz-moscada. Deixe esfriar para usar.

Abra porções da massa com um rolo. Corte em círculos e coloque 1 colher (sopa) do recheio em cada um. Para fechar, pegue metade da massa do círculo, dobre-a até o centro e feche as outras extremidades de modo a formar um triângulo, apertando bem. Unte uma assadeira e coloque as esfihas.

Pincele com a gema e asse em forno preaquecido (180° C) durante 45 minutos.

Receitas Maravilhosas
Receber em Casa

⏱ 40 MINUTOS DE PREPARO
🍴 4 PORÇÕES

Filé-mignon
com mandioquinha

Ingredientes
- 800 g de filé-mignon em bifes finos
- 2 colheres (sopa) de alho
- 3 colheres (sopa) de tempero pronto
- Azeite para fritar
- ½ litro de água
- 1 cubo de caldo de legumes
- 600 g de mandioquinha
- 1 cebola grande em cubos
- 2 alhos-porós
- 3 tomates italianos fatiados
- 1 colher (chá) de páprica picante
- ½ xícara (chá) de salsa e cebolinha

Modo de preparo
Tempere a carne com o alho e o tempero pronto. Em uma frigideira grande, aqueça o azeite e frite a carne aos poucos. Reserve.

Em uma panela com ½ litro de água dissolva, o caldo de legumes e cozinhe a mandioquinha em fatias finas, até que fique al dente.

Na mesma frigideira, coloque um pouco de azeite, a cebola e o alho-poró cortado em rodelas finas. Quando estiverem brilhantes, junte os tomates e deixe murchar.

Adicione a páprica e mexa bem. Coloque a mandioquinha e refogue tudo levemente.

Em uma travessa (ou embalagem para congelar), coloque os filés e cubra com o refogado de mandioquinha. Salpique salsa e cebolinha por cima.

Feche a travessa com filme plástico, coloque a data e leve ao freezer por até 3 meses. Algumas horas antes de servir, deixe descongelar na geladeira e aqueça no micro-ondas.

Delícias com Carnes
Ideias rápidas para carnes bovina, suína e de frango

Receitas Maravilhosas
Receber em Casa

🕐 1 HORA E 30 MINUTOS DE PREPARO
🍴 6 PORÇÕES

Linguiças gratinadas com batatas

Ingredientes

- 500 g de batatas
- 500 g de linguiça toscana
- 2 colheres (sopa) de manteiga
- 1 colher (chá) de orégano
- 1 pitada de noz-moscada
- 150 g de muçarela fatiada
- 1/2 xícara (chá) de leite
- 1 colher (sopa) de farinha de trigo ou amido de milho
- 1 lata de creme de leite
- Sal a gosto
- Queijo parmesão ralado a gosto para polvilhar

Modo de preparo

Descasque as batatas e cozinhe-as em água e sal. Não deixe que amoleçam muito.

Escorra e corte em fatias grossas. Reserve. Afervente as linguiças e grelhe-as.

Corte a linguiça em fatias e reserve.

Derreta a manteiga, junte o orégano e a noz-moscada. Reserve.

Unte uma forma refratária com manteiga, cubra o fundo com uma camada de batatas e regue com a manteiga derretida. Depois, coloque uma camada de linguiça e, por último, cubra com a muçarela.

Desmanche a farinha no leite, junte o creme de leite e coloque sal, se achar necessário.

Despeje na forma e polvilhe queijo ralado. Leve ao forno para gratinar por aproximadamente 15 minutos. Sirva em seguida.

Delícias com Carnes
Ideias rápidas para carnes bovina, suína e de frango

Receitas Maravilhosas
Receber em Casa

⏱ 45 MINUTOS DE PREPARO
🍴 5 PORÇÕES

Risoto
de frango

Ingredientes
- 2 col. (sopa) de azeite
- 1 tomate médio picado (sem sementes)
- 1 cebola média picada
- 1 peito de frango grande cozido e desfiado
- ½ lata de ervilha
- ½ lata de milho-verde
- ½ xíc. (chá) de azeitona verde
- 1 lata de molho de tomate
- 2 xíc. (chá) de arroz cozido
- Queijo ralado a gosto
- Sal a gosto

Modo de preparo
Em uma panela, aqueça o azeite e refogue a cebola. Junte o tomate, o peito de frango cozido e desfiado, o sal, o molho de tomate, a ervilha, o milho-verde e as azeitonas. Mexa a cada ingrediente adicionado.

Cozinhe por cerca de 5 minutos. Acrescente o arroz cozido e mexa para agregar. Antes de servir, polvilhe o queijo ralado.

Delícias com Carnes
Ideias rápidas para carnes bovina, suína e de frango

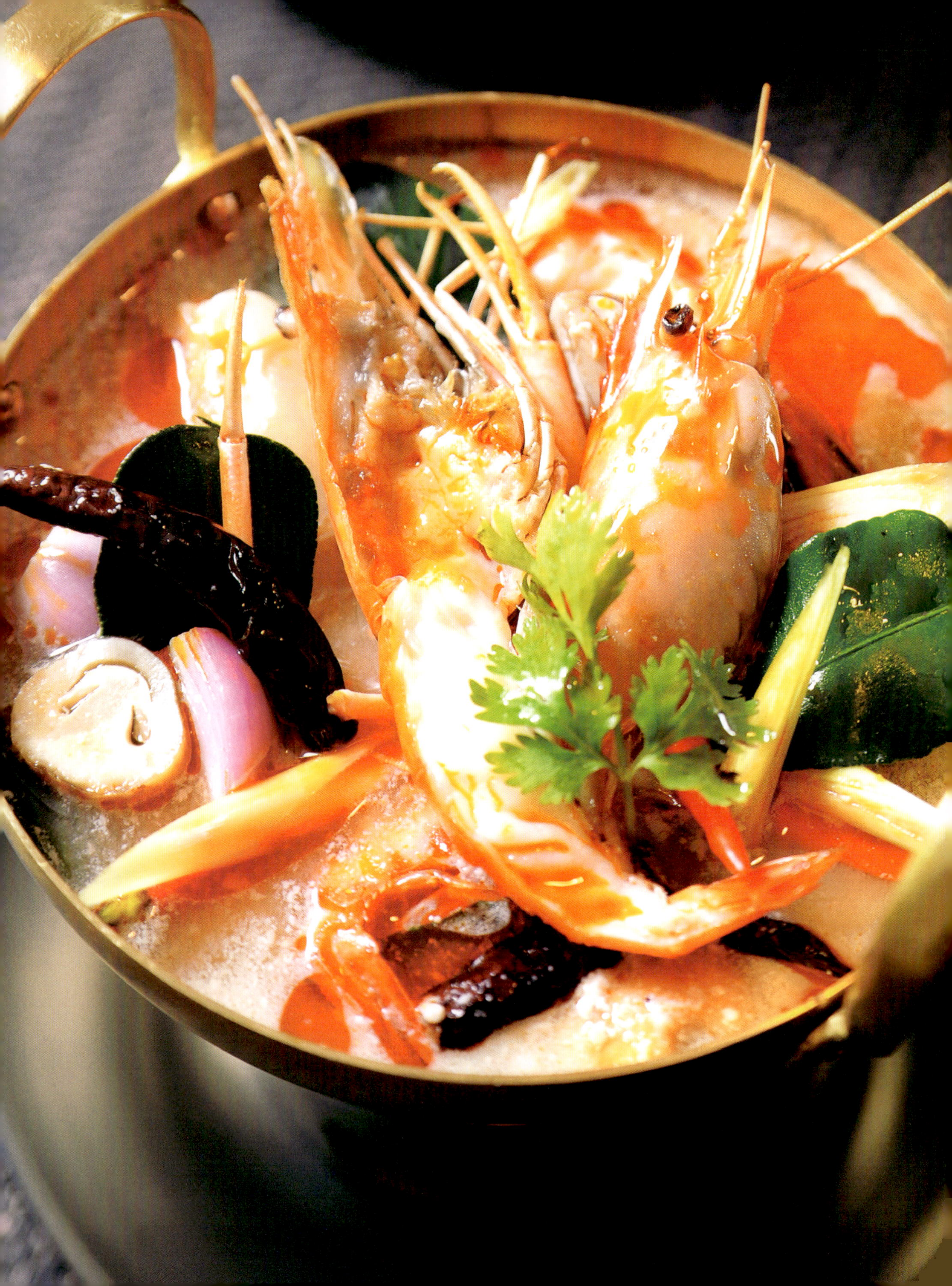

Peixes
e Frutos do Mar
O clima de praia dentro da sua casa

Receitas Maravilhosas
Receber em Casa

🕐 **40 MINUTOS DE PREPARO**
🍴 **20 PORÇÕES**

Barquinha de camarão com bacon

Ingredientes

- 200 g de mandioquinha
- 1 colher (sopa) de margarina
- 2 colheres (sopa) de leite quente
- 1/4 de xícara (chá) de bacon cortado em fatias finas
- 2 colheres (sopa) de cebola picada
- 2 xícaras (chá) de camarão limpo e seco
- 1 colher (sopa) de salsa picada
- 1 pitada de páprica picante
- 3 colheres (sopa) de castanha de caju picada
- 20 unidades de barquinha de massa para canapés

Modo de preparo

Em uma panela, cozinhe a mandioquinha até ficar macia. Escorra em um papel toalha e passe-a ainda quente pelo espremedor.

Junte a margarina e o leite, misture e reserve. Em uma frigideira, frite o bacon em sua própria gordura e quando dourar e ficar crocante, tire do fogo. Escorra e reserve. Refogue a cebola na gordura que se soltou do bacon, adicione o camarão e frite até dourar.

Junte a salsa, a páprica, a castanha, misture um pouco e desligue o fogo.

Sobre cada barquinha, acomode um pouco de purê de mandioquinha e, em seguida, um pouco do refogado de camarão.

Sirva logo em seguida.

Peixes e Frutos do Mar
O clima de praia dentro da sua casa

Receitas Maravilhosas
Receber em Casa

🕐 1 HORA
DE PREPARO
🍴 6 PORÇÕES

Bacalhau
ao forno

Ingredientes

- 1,2 kg de bacalhau desfiado dessalgado
- 1 kg de batata
- ¼ de xícara (chá) de azeite de oliva
- 2 dentes de alho amassados
- 1 cebola picada
- ½ kg de tomates sem pele picados
- 1 folha de louro
- 1 lata de grão-de-bico escorrido
- 2 colheres (sopa) de salsinha picada
- 1 colher (sopa) de cebolinha picada
- 6 folhas de couve sem os talos passadas em água fervente
- 50 g de azeitonas verdes
- 200 g de queijo branco

Modo de preparo

Coloque o bacalhau em uma panela, cubra com água fervente e deixe por 5 minutos. Separe o bacalhau e reserve o caldo. Pré-cozinhe as batatas nesse caldo, deixando-as ficar al dente. Reserve. Em uma panela, aqueça o azeite e doure o alho e a cebola. Acrescente os tomates e refogue por cerca de 5 minutos.

Junte o bacalhau, o louro, o grão-de-bico, as batatas, sal e pimenta a gosto, a salsinha e a cebolinha. Unte um refratário com azeite e forre com 3 folhas de couve, deixando as pontas para fora.

Coloque o refogado, as azeitonas e cubra com o queijo branco. Cubra com o restante da couve, dobrando as pontas para dentro. Asse em forno aquecido a 180 °C por 40 minutos. Sirva.

Peixes e Frutos do Mar
O clima de praia dentro da sua casa

🕒 50 MINUTOS DE PREPARO
🍴 8 PORÇÕES

Bolinho de batata com bacalhau

Ingredientes

- 2 batatas médias descascadas e cozidas
- 500 g de bacalhau cozido desfiado fino
- 1 ovo levemente batido
- ½ xícara (chá) de cebolinha picada
- 2 colheres (café) de páprica em pó
- 4 colheres (café) de óleo de canola
- 4 fatias de limão

Modo de preparo

Em uma tigela média, amasse as batatas e junte o bacalhau.

Acrescente o ovo, a cebolinha e a páprica. Misture bem e leve à geladeira por cerca de 3 horas. Preaqueça o forno a 250 °C.

Forre uma assadeira com papel-alumínio. Com as mãos umedecidas, modele 8 bolinhos.

Arrume-os na assadeira e pincele com a metade do óleo. Asse por 10 minutos. Vire os bolinhos, pincele o outro lado com o restante do óleo e asse por mais 10 minutos. Sirva enfeitado com as fatias de limão.

⏱ 20 MINUTOS DE PREPARO
🍴 12 PORÇÕES

Bolo salgado de legumes e atum

- 16 col. (sopa) de farinha de trigo
- 3 ovos inteiros
- 1 xíc. (chá) de azeite
- 3 col. (sopa) de queijo ralado
- 1 col. (chá) de sal
- 2 col. (sopa) de fermento
- 2 copos de leite

RECHEIO
- 1 lata de atum escorrido
- 1 lata de seleta de legumes escorrida
- 1 cebola pequena em rodelas finas
- 1 tomate em rodelas finas
- 10 azeitonas verdes

Modo de preparo

Bata todos os ingredientes da massa no liquidificador por, aproximadamente, 5 minutos.

Unte e polvilhe uma forma retangular.

Despeje metade da massa. Sobre ela, espalhe o atum e a seleta de legumes. Cubra com o restante da massa. Coloque por cima a cebola em rodelas, o tomate e as azeitonas.

Asse em forno quente por 40 minutos, aguarde amornar e sirva.

Receitas Maravilhosas
Receber em Casa

🕐 1 HORA DE PREPARO
🍴 20 PORÇÕES

Casquinha de **caranguejo**

Ingredientes

- 20 casquinhas de caranguejo
- 20 azeitonas sem caroço

RECHEIO

- 2 colheres (sopa) de óleo
- 2 colheres (sopa) de manteiga
- 1 cebola grande bem picada
- 2 tomates maduros
- 4 colheres (sopa) de molho de tomate
- 3 dentes de alho
- 1 pimentão pequeno picado
- 2 pimentas-de-cheiro partidas ao meio
- 1 kg de carne de caranguejo desfiada
- Sal a gosto
- Farofa amanteigada
- 250 g de manteiga
- 1 colher (sobrem.) de colorau
- 500 g de farinha de mandioca seca e fina
- 1 colher (sobrem.) de sal

Modo de preparo

Em uma panela, aqueça o óleo e a manteiga, refogue a cebola, os tomates, o molho de tomate e o alho amassado.

Aguarde uns 2 minutos para o refogado ficar perfumado e, em seguida, adicione o pimentão e a pimenta-de-cheiro.

Junte a carne de caranguejo e misture bem para que tenha uma perfeita troca de sabores. Tempere com sal e reserve.

FAROFA

Em uma caçarola grande, derreta a manteiga, coloque o colorau, a farinha e o sal e mexa até ficar bem torradinha. Reserve.

MONTAGEM

Coloque a carne de caranguejo refogada na casquinha, até a metade dela. Por cima, coloque a farofa e, para enfeitar, uma azeitona sem caroço.

Peixes e Frutos do Mar
O clima de praia dentro da sua casa

Receitas Maravilhosas
Receber em Casa

🕐 1 HORA DE PREPARO
🍴 10 PORÇÕES

Pescadinhas
gratinadas

Ingredientes

- 1 kg de filé de pescada pequena sem pele
- 2 dentes grandes de alho amassados
- Sal a gosto
- 1 envelope de tempero pronto para peixes
- ½ colher (chá) de pimenta-do-reino branca moída na hora
- 2 colheres (sopa) rasas de manteiga ou margarina
- 2 colheres (sopa) rasas de farinha de trigo
- 1 xícara (chá) de leite quente
- 4 tomates médios
- 4 cebolas médias
- 2 colheres (sopa) de óleo
- 2 colheres (chá) de farinha de rosca

PURÊ

- 400 g de batata cozida
- 2 colheres (sopa) de manteiga ou margarina sem sal
- 1 pitada de sal
- 1 envelope de tempero pronto para batatas ou legumes
- 300 ml de leite quente
- 150 g de requeijão cremoso

Modo de preparo

Tempere a pescada com alho, sal, tempero pronto e pimenta. Deixe tomar gosto por algumas horas. Em uma panela, misture a manteiga (ou margarina) com a farinha e leve ao fogo, mexendo sempre.

Acrescente o leite aos poucos, misturando bem após cada adição. Bata os tomates, sem peles e sem sementes, no liquidificador e adicione à panela. Acerte os temperos.

À parte, refogue as cebolas fatiadas no óleo, sem deixar dourar. Espalhe no fundo de um refratário. Arrume a pescada por cima, sem sobrepor os filés. Cubra com o molho e polvilhe com a farinha de rosca. Leve ao forno preaquecido a 200° C até dourar.

PURÊ

Misture tudo até obter um creme homogêneo. Coloque a mistura num saco de confeitar. Decore as bordas do gratinado com o purê. Salpique queijo parmesão ralado e sirva quente.

Peixes e Frutos do Mar
O clima de praia dentro da sua casa

Receitas Maravilhosas
Receber em Casa

⏱ 1 HORA DE PREPARO
🍴 6 PORÇÕES

Salmão
ao molho de queijo cremoso

Ingredientes
- 6 filés de salmão
- Sal a gosto
- Suco de 2 limões
- 1 xíc. (chá) de creme de leite
- 1 copo de requeijão
- 1 col. (sopa) de muçarela ralada
- 1 col. (sopa) de ketchup
- 1 col. (sopa) de mostarda

Modo de preparo

Tempere os filés com sal e limão. Disponha-os em uma forma e asse em forno médio por 30 minutos.

Em uma tigela, misture o creme de leite, o requeijão, a muçarela, o ketchup e a mostarda. Misture bem os ingredientes com uma colher.

Retire a forma do forno. Cubra cada filé com 2 colheres (sopa) do molho cremoso e asse por mais 15 minutos até gratinar levemente. Se quiser, sirva com uma salada de folhas verdes.

Peixes e Frutos do Mar
O clima de praia dentro da sua casa

Receitas Maravilhosas
Receber em Casa

Peixes e Frutos do Mar
O clima de praia dentro da sua casa

⏱ 1 HORA DE PREPARO
🍴 12 PORÇÕES

Trança de atum e **champignon**

Ingredientes

MASSA
- 2 ovos
- 2 col. (sopa) de fermento biológico
- 1 col. (sopa) de açúcar
- ½ col. (sobrem.) de sal
- ½ copo de leite
- 3 col. (sopa) de óleo de canola
- 3 xíc. (chá) de farinha de trigo
- 1 gema para pincelar

RECHEIO
- 2 latas de atum
- 1 e ½ xíc. de champignon em lâminas
- 1 cebola em tiras
- 2 tomates sem pele picados
- 1 xíc. (chá) de cheiro-verde picado
- 2 col. (sopa) de azeite
- Sal, pimenta e orégano a gosto

Modo de preparo

RECHEIO
Misture bem todos os ingredientes e reserve.

MASSA
Numa tigela grande, misture bem todos os ingredientes da massa, exceto a farinha. Junte o trigo aos poucos até que solte do recipiente. Enfarinhe uma superfície e sove até obter uma massa lisa. Separe-a em três porções iguais. Estique cada uma delas com um rolo no formato retangular até obter 1 cm de espessura. Espalhe o recheio sobre cada retângulo e feche bem, formando um rolo recheado. Junte a ponta dos três rolos e molde a trança. Pincele a gema sobre a trança, coloque em forma antiaderente e deixe crescer até dobrar de volume. Asse em forno preaquecido (180°C) por cerca de 35 minutos.

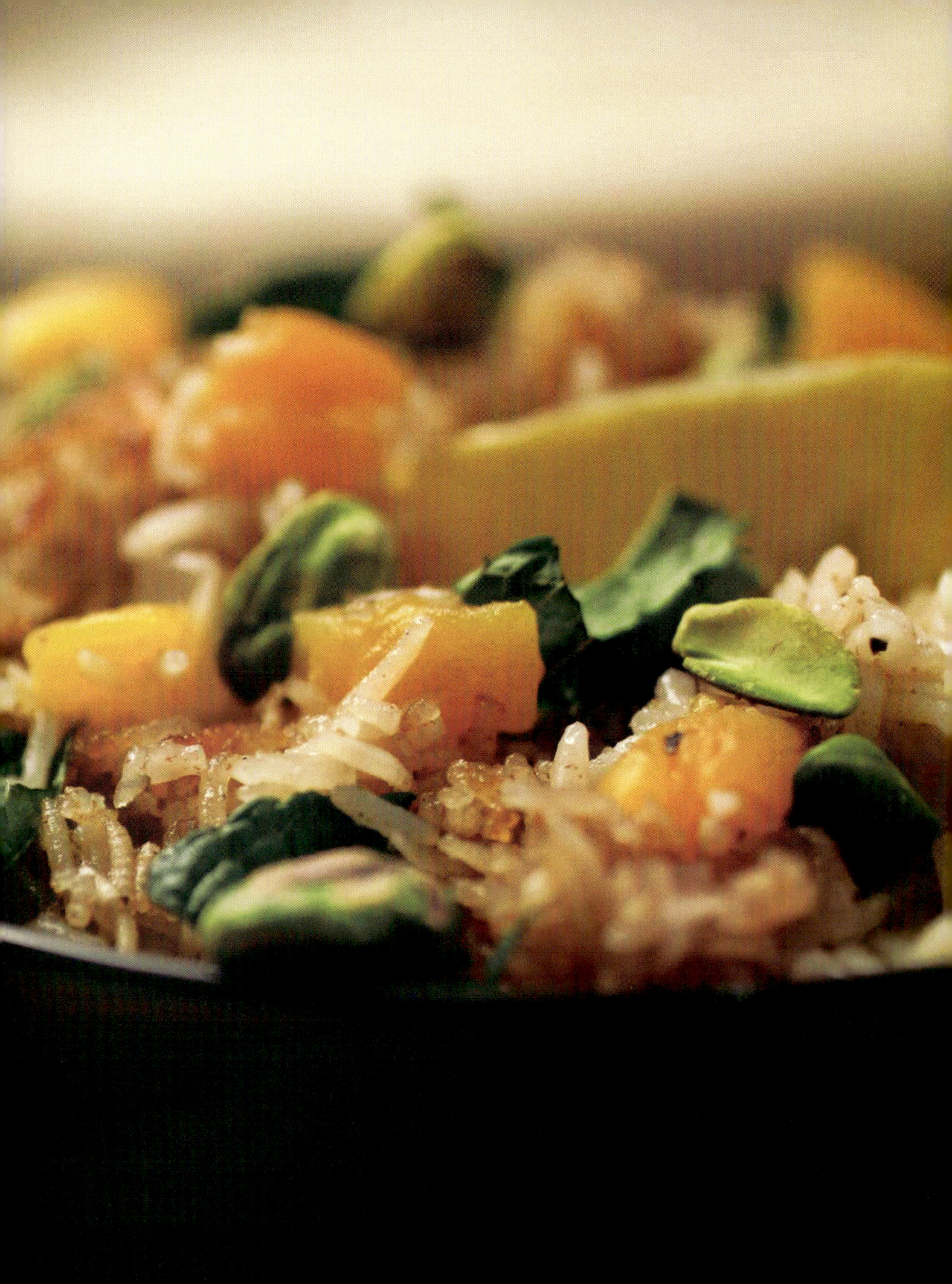

Legumes e Verduras

Receitas nutritivas e saborosas
incrementadas com vegetais

Receitas Maravilhosas
Receber em Casa

🕐 **30 MINUTOS DE PREPARO**
🍴 **10 PORÇÕES**

Crepe de **espinafre** com ricota

Ingredientes

MASSA
- 1 col. (sopa) de margarina
- 1 ovo
- 1 xíc. (chá) farinha de trigo
- 1 pitada de sal
- 1 xíc. (chá) de água
- 1 col. (sopa) de azeite

RECHEIO
- 4 col. (sopa) de ricota
- ½ xíc. (chá) de leite
- 4 col. (sopa) de salsinha picada
- 1 xíc. (chá) de espinafre picado
- Sal a gosto

Modo de preparo

MASSA
Coloque no liquidificador a margarina, o ovo, a farinha de trigo, o sal e a água. Bata por 3 minutos ou até formar uma massa homogênea. Unte uma frigideira antiaderente pequena com o azeite, aqueça e coloque uma concha de massa.

Espalhe no fundo da frigideira, doure e vire para dourar do outro lado. Reserve os crepes.

RECHEIO
Coloque em uma tigela a ricota e o leite. Mexa até obter um creme homogêneo. Misture a salsinha, o espinafre cozido e espremido e o sal. Transfira a mistura para uma panela e cozinhe em fogo baixo (cerca de 10 minutos). Retire do fogo.

Distribua 2 colheres (sopa) sobre cada crepe e enrole-os.

Legumes e Verduras
Receitas nutritivas e saborosas incrementadas com vegetais

Receitas Maravilhosas
Receber em Casa

🕐 1 HORA
DE PREPARO
🍴 6 PORÇÕES

Arroz
à grega

Ingredientes
- 3 colheres (sopa) de óleo
- ½ cebola picada
- 3 xícaras (chá) de arroz
- 6 xícaras (chá) de água
- 2 colheres (sopa) de manteiga
- 5 colheres (sopa) de ervilha
- 1 pimentão vermelho picado em cubinhos
- 1 cenoura cozida picada em cubinhos
- 100 g de uva-passa
- Salsa e cebolinhaverde a gosto
- Queijo parmesão ralado a gosto
- Sal a gosto

Modo de preparo

Leve uma panela ao fogo com o óleo e refogue a cebola.

Acrescente o arroz, deixe fritar um pouco e adicione a água fervente. Mexa, diminua o fogo e deixe cozinhar até a água secar. Desligue o fogo e deixe descansar. À parte, leve uma caçarola ao fogo com a manteiga e refogue rapidamente a ervilha, o pimentão, a cenoura e a uva-passa. Transfira o arroz para uma travessa grande, incorpore o refogado, junte a salsa e a cebolinha e salpique o parmesão. Misture tudo cuidadosamente e sirva.

Legumes e Verduras
Receitas nutritivas e saborosas incrementadas com vegetais

Receitas Maravilhosas
Receber em Casa

🕐 **1 HORA DE PREPARO**
🍴 **6 PORÇÕES**

Batata rosti
com alho-poró ao curry

Ingredientes
- 600 g de batatas
- 1 alho-poró grande
- 2 col. (sopa) de curry
- 2 col. (sopa) de margarina
- Sal
- Pimenta-do-reino

Modo de preparo

Cozinhe as batatas até que estejam macias, mas firmes.

Escorra-as, passe sob água fria e descasque-as. Assim que estiverem frias, rale-as no ralo grosso. Corte as partes brancas do alho-poró em rodelas; o restante pique em pedaços menores.

Misture-os com as batatas raladas e tempere com o curry, um pouco de sal e uma generosa pitada de pimenta-do-reino.

Derreta a margarina numa frigideira antiaderente grande e despeje uniformemente as batatas já temperadas, pressionando com uma espátula para ficar bem compacto.

Deixe cozinhar por 10 minutos, vire-as delicadamente sobre uma assadeira forrada com papel-manteiga e leve-as ao forno a 220º C por 10 minutos, até que forme uma crosta dourada na superfície.

Retire o rosti do forno, corte-o em pequenos losangos e sirva quente.

Legumes e Verduras
Receitas nutritivas e saborosas incrementadas com vegetais

Receitas Maravilhosas
Receber em Casa

🕒 **50 MINUTOS DE PREPARO**
🍴 **8 PORÇÕES**

Abobrinha
recheada colorida

Ingredientes
- 4 abobrinhas italianas cortadas em rodelas de 6 cm
- 2 col. (sopa) de azeite
- 1 cebola cortada em tiras finas
- 2 dentes de alho picados
- 2 xíc. (chá) de tomates do tipo italiano sem pele picados
- 1 col. (sopa) de alcaparras
- 2 claras
- 1 col. (chá) de orégano fresco
- ½ xíc. (chá) de creme de leite
- 2 xíc. (chá) de macarrão parafuso cozido
- Sal a gosto
- 2 col. (chá) de salsa picada

Modo de preparo

Retire a polpa das rodelas de abobrinhas, pique e reserve.

Em uma frigideira, aqueça o azeite e junte a cebola e o alho. Acrescente a polpa de abobrinha picada e refogue até secar a água e obter um refogado espesso. Acrescente o tomate e deixe reduzir por 10 minutos. Adicione as alcaparras e, por último, o orégano.

Em uma tigela, junte as claras batidas levemente com o garfo, o creme de leite, o macarrão, o sal e ¾ do molho preparado (reserve o restante para cobrir as abobrinhas). Misture bem e recheie as metades de abobrinhas.

Coloque as rodelas recheadas numa forma, cubra com o molho restante e leve ao forno médio (180° C) por 25 minutos. Salpique a salsa na hora de servir.

Legumes e Verduras
Receitas nutritivas e saborosas incrementadas com vegetais

⏲ 1 HORA E 30 MINUTOS DE PREPARO
🍴 25 PORÇÕES

Batatinha recheada com cheddar

Ingredientes
- 1 kg de batatinha
- 300 g de queijo tipo cheddar
- 200 g de bacon

Modo de preparo

Lave bem as batatinhas e cozinhe com bastante água, até ficar al dente. Corte a pontinha de cada batata e cave um buraquinho no centro. Recheie a cavidade com cheddar. Reserve. Frite o bacon na própria gordura até ficar sequinho e crocante. Bata no liquidificador ou processador para triturar. Salpique o bacon sobre o cheddar e acomode as batatinhas numa forma. Leve ao forno para aquecer levemente e sirva.

⏱ 30 MINUTOS DE PREPARO
🍴 6 PORÇÕES

Berinjela com queijo e espaguete

Ingredientes

- 2 berinjelas com casca, em tirinhas
- 1 col. (sopa) de sal
- 1 xíc. (chá) de azeite
- 1 xíc. (chá) de queijo parmesão ralado
- 500 g de espaguete cozido

Modo de preparo

Coloque a berinjela de molho em água com o sal em uma tigela, durante uma hora. Escorra bem e seque-a.

Em uma panela, aqueça o azeite em fogo médio. Aos poucos, refogue a berinjela por cinco minutos, até dourar. Retire com uma escumadeira e escorra sobre papel toalha. Tempere com sal. Acrescente o queijo e misture.

Em uma panela grande, cozinhe o espaguete. Escorra bem e sirva com a berinjela.

Receitas Maravilhosas
Receber em Casa

🕐 **1 HORA E 30 MINUTOS DE PREPARO**
🍴 **18 PORÇÕES**

Berinjela turca

Ingredientes

- 3 berinjelas grandes
- ¼ de xíc. (chá) de azeite extravirgem
- Sal a gosto
- 1 pitada de pimenta-do-reino
- 3 cebolas grandes
- 500 g de tomate maduro
- 1 dente de alho
- ½ col. (chá) de canela em pó
- 1 col. (sopa) de salsa picada
- 50 g de nozes picadas

Modo de preparo

Corte as berinjelas ao meio e cozinhe com água e sal por 10 minutos.

Com uma colher, retire o recheio e reserve.

Coloque-as numa assadeira, regue-as com o azeite (1 colher de sopa), tempere-as com sal e pimenta e leve-as para assar em forno médio (180º C) por 30 minutos.

Pique as cebolas e os tomates sem pele.

Numa panela, refogue o alho no restante do azeite e doure as cebolas e os tomates, em fogo brando, por 5 minutos.

Adicione a canela, a salsa, o sal, a pimenta e cozinhe até o líquido reduzir.

Pique as polpas de berinjela e junte ao refogado. Acrescente as nozes. Deixe cozinhar por 10 minutos.

Recheie as cascas de berinjela com a mistura e leve ao forno alto por 10 minutos. Corte cada uma delas em 3 partes e sirva.

Legumes e Verduras
Receitas nutritivas e saborosas incrementadas com vegetais

Receitas Maravilhosas
Receber em Casa

Legumes e Verduras
Receitas nutritivas e saborosas incrementadas com vegetais

🕒 30 MINUTOS DE PREPARO
🍴 4 PORÇÕES

Gravatinha
com berinjela, tomate, manjericão, ricota e brócolis

Ingredientes
- 2 xíc. (chá) de macarrão tipo gravatinha (cru)
- 1 berinjela, somente a casca, em cubos
- 2 dentes de alho
- 2 tomates sem pele e sem sementes em cubos
- 4 col. (sopa) cheias de folhas de manjericão fresco
- 3 col. (sopa) de ricota amassada
- 1 xíc. (chá) de brócolis
- 1 col. (sopa) de azeite de oliva

Modo de preparo
Cozinhe os brócolis e reserve.

Numa frigideira quente, coloque um pouco de azeite e o alho para refogar.

Acrescente a berinjela até dourar.

Adicione o tomate e os brócolis. Tempere com sal e pimenta.

Com as mãos, pique o manjericão, coloque na frigideira e deixe cozinhar um pouco. Reserve.

Cozinhe a gravatinha al dente, escorra e misture com o molho, na frigideira, com o fogo bem forte.

Distribua o macarrão em dois pratos e coloque os ramos de brócolis por cima. No centro, 1 col. (sopa) de ricota.

Receitas Maravilhosas
Receber em Casa

🕐 **1 HORA E 30 MINUTOS DE PREPARO**
🍴 **3 PORÇÕES**

Minifocaccia
com vegetais agridoces

Ingredientes
- 2 xíc. (chá) de farinha de trigo
- 1 tablete de fermento biológico
- 1 col. (chá) de açúcar
- 1 col. (chá) de sal
- 2 col. (sopa) de manteiga amolecida
- 1 copo de água morna (aproximadamente)

RECHEIO
- 2 berinjelas cortadas em rodelas finas
- ½ xíc. (chá) de azeite
- 2 xíc. (chá) de tomates cereja cortados em quatro
- 4 col. (sopa) de vinagre balsâmico
- 2 maçãs descascadas e sem sementes em rodelas finas
- Suco de 1 limão
- 2 col. (sopa) de mostarda
- 2 xíc. (chá) de folhas de rúcula lavadas e secas
- 2 xíc. (chá) de queijo muçarela fresco, em rodelas
- Sal e pimenta a gosto

Modo de preparo

Coloque a farinha numa tigela grande, faça um buraco no meio e coloque o fermento, dissolvido em um pouco de água morna. Junte a manteiga e o açúcar, misture bem e, por último, acrescente o sal, mexendo mais um pouco. Vá colocando água no centro e misturando aos poucos até formar uma massa lisa e elástica. Faça uma bola, coloque em uma vasilha, tampe e deixe descansar por 1 hora dentro do forno desligado. Depois que a massa descansar e crescer, prepare-a como bolinhos e asse-os.

RECHEIO
Refogue as rodelas de berinjela no azeite e escorra-as sobre papel absorvente. Cozinhe os tomates em uma frigideira com o vinagre por dois minutos. Tempere com sal e pimenta e reserve. A seguir, regue as rodelas de maçã imediatamente com suco de limão para evitar que oxidem. Corte os bolinhos de focaccia ao meio, unte as duas partes com mostarda e monte os "sanduíches", colocando 1 rodela de maçã, 1 ou 2 rodelas de berinjela, 1 col. (sopa) de tomate refogado, 1 rodela de muçarela e folhas de rúcula. Tampe com a outra metade.

Legumes e Verduras
Receitas nutritivas e saborosas incrementadas com vegetais

⏱ 20 MINUTOS DE PREPARO
🍴 4 PORÇÕES

Legumes refogados com castanhas

Ingredientes

- 2 colheres (sopa) de azeite
- 2 dentes de alho amassados
- 1 colher (sopa) de açafrão em pó (cúrcuma)
- 1 colher (chá) de gengibre ralado
- 2 colheres (sopa) de cebolinha
- 1 berinjela cortada em cubos
- 1 abobrinha picada em cubos
- ½ couve-flor em buquês
- 1 xícara (chá) de ervilhas tortas
- 1 xícara (chá) de cogumelos em lâminas
- ½ xícara (chá) de castanha-do-pará e castanha-de-caju torradas
- Sal a gosto

Modo de preparo

Numa panela, aqueça o azeite, junte o alho, o açafrão, o gengibre e a cebolinha. Refogue em fogo baixo. Acrescente os outros ingredientes e refogue por mais 15 min. Retire do fogo, junte as castanhas e o sal e sirva.

⏱ 45 MINUTOS DE PREPARO
🍴 12 PORÇÕES

Panqueca de quinoa com espinafre e queijo

Ingredientes

- 2 ovos
- 3 col. (chá) de margarina
- 1 copo de leite
- ½ col. (café) de sal
- 3 col. (sopa) de farinha de trigo integral
- 1 col. (sopa) de farinha de trigo branca
- 5 col. (sopa) de quinoa em flocos

RECHEIO

- ½ cebola ralada
- 1 maço de espinafre limpo e picado
- 1 col. (sobrem.) de azeite de oliva
- 1 e ½ xíc. (chá) de queijo de minas fresco em cubos
- Sal a gosto

Modo de preparo

No liquidificador, junte os ovos, a margarina, o leite, o sal, as farinhas e a quinoa. Bata por dois minutos. Unte uma frigideira pequena antiaderente com um fio de óleo e aqueça. Coloque uma concha de massa e espalhe bem. Doure dos dois lados. Repita a operação até acabar a massa. Reserve os discos.

RECHEIO

Refogue a cebola e o espinafre no azeite. Acrescente o queijo e refogue por mais dois minutos. Escorra a água que soltar do espinafre. Bata no liquidificador (ou processador) por dois minutos e tempere com o sal. Recheie cada panqueca com 1 e ½ colher do creme de espinafre.

⏱ 1 HORA E 20 MINUTOS DE PREPARO
🍽 10 PORÇÕES

Pasta picante de berinjela

Ingredientes

- 2 berinjelas (500 g)
- 2 col. (sopa) de óleo
- ½ xíc. (chá) de cebola picada
- 3 tomates picados (500 g)
- ½ xíc. (chá) de coentro picado
- 2 col. (sopa) de curry
- 2 col. (chá) de sal
- 1 xíc. (chá) de iogurte natural

Modo de preparo

Preaqueça o forno (180º C).

Fure as berinjelas com um garfo, arrume-as em uma assadeira e leve ao forno por 45 minutos, até que fiquem macias.

Deixe esfriar, descasque-as e pique a polpa.

Coloque-as sobre uma peneira, comprima para retirar todo o líquido e deixe descansar por 30 minutos na peneira para escorrer totalmente. Aqueça o óleo em uma panela antiaderente e refogue a cebola até ficar macia.

Acrescente os tomates, o coentro, o curry e mexa por 1 minuto.

Aumente o fogo, junte a berinjela e mexa por mais 5 minutos, até o líquido evaporar.

Retire do fogo, deixe esfriar, adicione o iogurte e misture. Sirva gelada.

⏱ 1 HORA E 20 MINUTOS DE PREPARO
🍴 10 PORÇÕES

Pastel assado de escarola e nozes

Ingredientes

- 3 col. (sopa) de óleo de canola
- 1 cebola ralada
- ½ pé de escarola
- Sal e pimenta a gosto
- 2 col. (sopa) de nozes picadas
- 2 col. (sopa) de uvas-passas brancas
- 1 dente de alho picado
- ½ xíc. (chá) de maionese
- ½ xíc. (chá) de ricota esfarelada
- 10 discos de massa para pastel

Modo de preparo

Aqueça o óleo e refogue o alho e a cebola. Adicione a escarola cortada bem fininha e deixe cozinhar até que a água seque. Tempere com sal e pimenta a gosto.

Adicione as nozes e a uva passa e mexa bem. Retire do fogo e deixe esfriar. Misture a maionese e a ricota esfarelada, até que fique um recheio cremoso. Coloque 1 col. (sopa) de recheio sobre cada disco de massa, umedeça as bordas e feche o pastel com o auxílio de um garfo.

Coloque em uma assadeira untada e leve ao forno preaquecido por 30 minutos ou até que os pastéis estejam dourados. Sirva a seguir.

⏱ 40 MINUTOS DE PREPARO
🍴 6 PORÇÕES

Penne com molho, abóbora e palmito

Ingredientes

- 500 g de massa tipo penne
- 2 col. (sopa) de shoyu
- 1 cebola média picada
- 500 g de abóbora
- 4 unidades de palmito (médio)
- 2 litros de água
- Noz-moscada a gosto
- Pimenta-do-reino a gosto
- 1 col. (sopa) de azeite
- 2 col. (sopa) de parmesão ralado

Modo de preparo

Em uma panela, cozinhe o penne até que fique macio. Reserve.

Cozinhe a abóbora até que fique bem molinha e bata no liquidificador com a água do cozimento e o parmesão. Reserve.

Em outra panela, refogue a cebola no azeite, acrescente o palmito cortado em cubinhos, os temperos a gosto e o shoyu. Acrescente o molho de abóbora e deixe ferver por alguns minutos, até que a preparação fique homogênea.

Coloque o molho de abóbora sobre o penne e sirva a seguir.

⏱ 1 HORA E 20 MINUTOS
DE PREPARO
🍴 10 PORÇÕES

Penne com tomate, ervilha e broto de feijão

Ingredientes

- 1 xíc. (chá) de ervilha fresca (130 g)
- 100 g de broto de feijão
- 2 col. (sopa) de azeite de oliva
- 2 col. (sopa) de alecrim fresco picado
- 2 tomates médios sem sementes e picados
- 200 g de macarrão tipo penne
- Sal e pimenta-do-reino a gosto

Modo de preparo

Coloque as ervilhas em uma panela com 1 litro de água fervente. Depois de 1 minuto, incorpore o broto de feijão, misture e retire do fogo. Escorra a água e reserve. Disponha em uma panela 1 col. (sopa) de azeite de oliva e o alecrim. Leve ao fogo e refogue rapidamente, sem parar de mexer. Junte as ervilhas, o broto de feijão, os tomates, o sal e a pimenta-do-reino. Misture, retire do fogo e reserve.

Coloque o penne em uma panela com 2 litros de água fervente e 2 col. (chá) de sal. Deixe cozinhar por 10 minutos ou até a massa ficar al dente. Retire do fogo e escorra a água. Arrume o penne nos pratos, disponha o refogado de ervilha com broto de feijão e regue com o azeite de oliva restante. Polvilhe pimenta-do-reino.

Receitas Maravilhosas
Receber em Casa

Legumes e Verduras
Receitas nutritivas e saborosas incrementadas com vegetais

🕐 **50 MINUTOS DE PREPARO**
🍴 **12 PORÇÕES**

Rigatone
com espinafre e molho rosé

Ingredientes

- ½ kg de massa tipo rigatoni
- 150 g de queijo prato
- 1 maço de espinafre
- 250 g de creme de leite
- 150 g de molho de tomate
- Alho e azeite a gosto
- 100 g de queijo parmesão
- Sal a gosto

Modo de preparo

Cozinhe a massa até ficar al dente.

Refogue o espinafre no alho e azeite, até murchar, e pique-o. Recheie o rigatone com o queijo e o espinafre. Separadamente, misture o creme de leite e o molho de tomate no pirex. Arrume e coloque o queijo parmesão.

Leve o macarrão ao forno preaquecido em 180º C, para gratinar por 15 minutos.

Receitas Maravilhosas
Receber em Casa

⏱ 50 MINUTOS DE PREPARO
🍴 4 PORÇÕES

Salada de fundo de alcachofra com erva-doce e cogumelo

Ingredientes

MOLHO
- 1 col. (sopa) de mostarda de Dijon
- 2 col. (sopa) de mel
- Suco de um limão
- 3 col. (sopa) de água
- Sal e pimenta-do-reino a gosto
- 2 col. (sopa) de azeite

SALADA
- 4 fundos de alcachofra cozidos
- 1 bulbo pequeno de erva-doce
- 2 col. (sopa) de folhas de erva-doce
- 250 g de cogumelo de Paris fresco cortado em fatias
- 8 folhas de radicchio

Modo de preparo

MOLHO

Em uma tigela pequena, misture a mostarda com o mel, o suco de limão e a água. Tempere com sal e pimenta a gosto. Junte o azeite em fio, batendo sempre com um garfo até ficar homogêneo.

SALADA

Em uma saladeira, misture todos os ingredientes, exceto o radicchio.

Junte o molho e deixe descansar por 30 minutos para que os sabores se misturem.

Em pratos individuais, arrume as folhas de radicchio como se fosse uma cumbuca e coloque a salada dentro. Sirva.

Legumes e Verduras
Receitas nutritivas e saborosas incrementadas com vegetais

Receitas Maravilhosas
Receber em Casa

Legumes e Verduras
Receitas nutritivas e saborosas incrementadas com vegetais

🕐 20 MINUTOS DE PREPARO
🍴 10 PORÇÕES

Salada de macarrão com rúcula ao vinagre de laranja

Ingredientes
- 500 g de massa curta de grano duro cozida al dente
- 250 g de queijo tipo muçarela cortado em cubos
- 200 g de ervilhas frescas escaldadas
- 200 g de palmito cortado em cubos
- 200 g de cenoura crua ralada
- 100 g de salame fatiado e cortado em tiras
- 200 g de creme de leite em caixinha
- 100 g de maionese
- Cheiro-verde a gosto
- Folhas de rúcula a gosto

VINAGRETE
- ½ xícara (chá) de suco de laranja
- ½ xícara (chá) de azeite
- ¼ de xícara (chá) de vinagre de vinho branco
- 1 colher (sobremesa) de mel
- 1 colher (sobremesa) de gengibre ralado

Modo de preparo
Misture bem todos os ingredientes da salada, exceto a rúcula. Reserve. Misture todos os ingredientes do vinagrete. Reserve.

Acomode as folhas de rúcula sobre cada prato. Tempere-as com o vinagrete de laranja. Disponha a salada de macarrão sobre as folhas. Sirva frio.

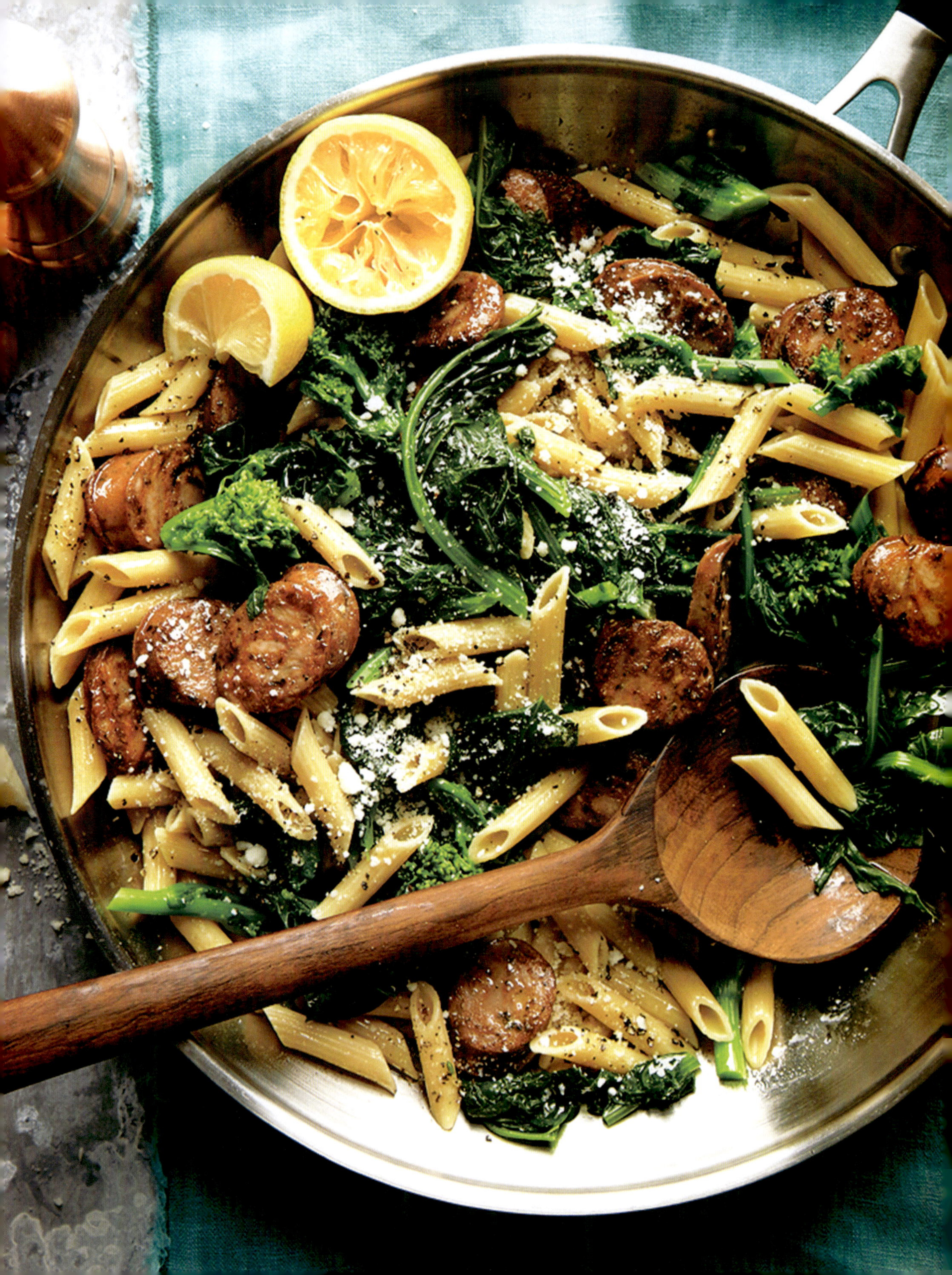

Massas da Mama
Transforme o lar em uma cantina italiana

Receitas Maravilhosas
Receber em Casa

🕐 **1 HORA DE PREPARO**
🍴 **8 PORÇÕES**

Canelone de ricota

Ingredientes

- 8 folhas de massa para lasanha pré-cozida
- 2 xíc. (chá) de ricota passada pela peneira
- 1 copo de iogurte
- ½ xíc. (chá) de cheiro-verde picado
- 1 dente de alho amassado
- Sal e pimenta a gosto

MOLHO

- 2 col. (sopa) de azeite de oliva
- 2 dentes de alho amassados
- 1 cebola picada
- 3 xíc. (chá) de tomate sem pele e sem sementes batido no liquidificador
- ½ xíc. (chá) de manjericão picado
- ½ xíc. (chá) de cheiro verde

Modo de preparo

Numa tigela, coloque a ricota. Tempere com sal e pimenta e junte o iogurte, o cheiro-verde e o alho. Recheie os canelones e reserve-os num refratário.

PREPARE O MOLHO

Em uma panela, refogue o azeite, a cebola e o alho até dourar. Acrescente o tomate batido, tempere com sal, pimenta e cheiro-verde e deixe no fogo baixo por 30 minutos. Por último, junte o manjericão (se necessário, acrescente 1 xícara (chá) de água fervente).

Despeje o molho sobre os canelones e asse em forno preaquecido por 20 minutos, coberto com papel-alumínio.

Massas da Mama
Transforme o lar em uma cantina italiana

Receitas Maravilhosas
Receber em Casa

Conchas ao creme **de aspargos**

🕐 **1 HORA DE PREPARO**
🍴 **8 PORÇÕES**

Ingredientes

- 350 g de macarrão no formato concha cozido al dente

CREME DE ASPARGOS

- 2 colheres (sopa) de azeite
- ½ xícara (chá) de cebola cortada em cubinhos
- 1 vidro de aspargos ou 250 g de aspargos frescos escaldados
- 100 g de presunto cozido fatiado e picado
- 1 envelope de caldo de legumes
- 5 fatias de pão de forma esfareladas
- 200 g de batata cozida e passada por peneira (ainda quente)
- 100 g de queijo de minas
- 200 g de ricota fresca passada por peneira
- 150 g de queijo muçarela ralado
- 50 g de queijo parmesão ralado
- Sal, pimenta-do-reino e noz-moscada ralada a gosto
- 1 colher (sopa) de cebolinha fresca picada

MOLHO BECHAMEL AO CHAMPANHE

- 250 ml de champanhe brut
- 75 g de manteiga
- 4 colheres (sopa) rasas de farinha de trigo
- 1 litro de leite integral frio
- 3 colheres (sopa) de queijo parmesão fresco ralado
- Sal, pimenta-do-reino moída na hora e noz-moscada a gosto
- 200 g de creme de leite de caixinha

CRUMBLE DE CASTANHAS

- 100 g de castanhas de caju picadas
- 100 g de queijo parmesão ralado

Modo de preparo

CREME DE ASPARGOS

Em uma panela, aqueça o azeite e refogue a cebola. Junte o aspargo bem picado, o presunto e o caldo de legumes. Refogue rapidamente, retire do fogo e deixe esfriar. Junte os ingredientes restantes, retifique os temperos e reserve.

MOLHO BECHAMEL

Em uma panela, aqueça o champanhe e reduza à metade (125 ml). Reserve. Em outra panela, aqueça a manteiga e doure a farinha. Junte o leite frio aos poucos e misture constantemente para não formar grumos. Adicione o champanhe, o queijo ralado e tempere com sal, pimenta e noz-moscada a gosto. Cozinhe até ferver e engrossar. Quando frio, junte o creme de leite e bata rapidamente com um mixer. Reserve.

CRUMBLE DE CASTANHAS

Misture as castanhas com o queijo.

MONTAGEM

Recheie as conchas com o creme de aspargos. Em um refratário grande, espalhe uma farta porção do molho bechamel, a massa recheada e finalize com o restante do bechamel e o crumble de castanhas. Leve ao forno a 200º C para gratinar e sirva quente.

Massas da Mama
Transforme o lar em uma cantina italiana

⏱ 30 MINUTOS DE PREPARO
🍴 3 PORÇÕES

Espaguete ao alho e azeite

Ingredientes
- 1 xícara (chá) de espaguete cru
- 4 dentes pequenos de alho
- 1 colher (sopa) de azeite de oliva extravirgem
- 1 colher (sopa) de queijo parmesão ralado
- ½ colher (sopa) de margarina vegetal
- 1 colher (chá) de sal refinado

Modo de preparo
Pique o alho. Derreta a margarina e adicione o ingrediente. Mantenha no fogo até o alho começar a dourar. Cozinhe o espaguete em água e sal até ficar al dente. Escorra e coloque-o no refogado de alho. Misture delicadamente e acrescente o azeite e o queijo parmesão. Sirva a seguir.

⏱ 30 MINUTOS DE PREPARO
🍴 5 PORÇÕES

Espaguete ao pesto

Ingredientes
- ½ pacote de espaguete (250 g)
- 1 xíc. (chá) de folhas de manjericão
- 2 dentes de alho inteiros
- 2 col. (sopa) de amêndoas
- ½ xíc. (chá) de azeite
- 2 col. (sopa) de parmesão ralado
- Sal e pimenta a gosto

Modo de preparo

No liquidificador, bata as folhas de manjericão, o alho e as amêndoas com metade do azeite por 2 minutos sem desligar, junte o azeite restante em fio até obter um creme.

Coloque o creme em um recipiente, acrescente o queijo ralado e tempere com o sal e a pimenta.

Cozinhe o espaguete em água e sal, escorra e disponha num refratário. Acrescente o pesto (caso o creme esteja seco, acrescente duas colheres da água do cozimento) e mexa bem.

⏱ 40 MINUTOS DE PREPARO
🍴 6 PORÇÕES

Espaguete com limão, parmesão e hortelã

Ingredientes

- 500 g de espaguete
- Suco de ½ limão
- Raspas de 1 limão
- 100 ml de creme de leite
- 25 ml de azeite de oliva
- 100 g de queijo parmesão ralado
- Sal e pimenta-do-reino a gosto
- 1 punhadinho de hortelã
- 10 unidades de azeitonas pretas sem caroço em rodelas

Modo de preparo

Sob água corrente, lave as folhas de hortelã e pique-as. Reserve. Numa panela grande, coloque 5 litros de água e 2 colheres (sopa) de sal. Leve ao fogo alto. Quando a água ferver, coloque o macarrão e deixe cozinhar até ficar al dente. Em uma tigela grande, em que o espaguete será servido, junte o suco de limão, o azeite, as azeitonas e o parmesão ralado. Com um garfo, misture muito bem até o parmesão dissolver e formar uma mistura cremosa. Em seguida, acrescente o creme de leite e misture. Tempere com sal e pimenta-do-reino.

Despeje o macarrão cozido em um escorredor. A seguir, transfira o espaguete para a tigela com o molho e misture bem, cobrindo todos os fios. Junte a hortelã picada e as raspas de limão. Misture mais uma vez e sirva imediatamente.

⏱ 30 MINUTOS DE PREPARO
🍴 4 PORÇÕES

Espaguete de quinoa especial

Ingredientes

- ½ pacote de espaguete de quinoa
- 1 col. (sopa) de azeite
- 4 tomates sem pele e sem sementes em cubinhos
- Sal e pimenta a gosto
- 2 muçarelas de búfala cortadas em quatro
- Folhas de manjericão

Modo de preparo

Cozinhe o espaguete al dente e reserve.
Numa frigideira antiaderente, aqueça o azeite e acrescente o tomate, o sal e a pimenta. Refogue rapidamente e coloque sobre a massa. Por último, junte a muçarela e o manjericão.

Receitas Maravilhosas
Receber em Casa

Lasanha ao pesto genovês

🕐 **1 HORA E 15 MINUTOS DE PREPARO**
🍴 **4 PORÇÕES**

Ingredientes

- 500 g de massa para lasanha
- Queijo parmesão ralado a gosto
- Manteiga o suficiente

MOLHO PESTO GENOVÊS

- Sal grosso a gosto
- 1 dente de alho picado
- 50 g de folhas de manjericão
- 50 g de pinoli (ou nozes sem casca)
- 30 g de queijo parmesão ralado
- 30 g de queijo pecorino
- 200 ml de azeite de oliva

MOLHO BECHAMEL CLÁSSICO

- 80 g de manteiga
- 60 g de farinha de trigo
- 1 litro de leite
- Sal e noz-moscada a gosto

Modo de preparo

MOLHO PESTO

Num pilão, coloque uma pitada de sal grosso, o dente de alho e as folhas de manjericão. Com o socador, amasse a mistura com movimentos circulares. Acrescente o pinoli e continue o movimento até obter uma pasta. Adicione os dois queijos e misture. Coloque o azeite em fio e misture até obter uma pasta cremosa (se quiser usar o processador, não deixe bater demais os ingredientes). Reserve.

MOLHO BECHAMEL

Derreta 60 g de manteiga, acrescente a farinha de trigo e cozinhe por 1 minuto, mexendo sem parar. Depois, deixe amornar. Aqueça bem o leite e acrescente gradualmente à mistura, mexendo sem parar com uma colher de bambu ou um batedor de arame para não formar grumos. Ferva a mistura, tempere com sal, noz-moscada e abaixe o fogo, cozinhando lentamente por 5 minutos. Deixe esfriar um pouco e misture com o pesto. Reserve.

MASSA

Cozinhe a massa de lasanha com bastante água e sal, um pouco de cada vez, por não mais de 8 minutos, e disponha em assadeira. Preaqueça o forno a 190° C. Unte uma vasilha refratária de 25 x 35 cm e coloque no fundo um pouco de molho bechamel ao pesto. Disponha as camadas, alternando massa, molho e queijo ralado. Finalize com uma camada de molho. Sobre ela, distribua pedacinhos de manteiga e salpique queijo ralado. Leve ao forno por 30 minutos. Deixe descansar fora do forno por 10 minutos antes de servir.

Massas da Mama
Transforme o lar em uma cantina italiana

Receitas Maravilhosas
Receber em Casa

⏱ **1 HORA E 15 MINUTOS DE PREPARO**
🍴 **6 PORÇÕES**

Lasanha ao pesto de **abobrinha**

Ingredientes

- 800 ml de leite
- 450 g de abobrinha
- 100 g de queijo provolone ralado
- 200 g de massa fresca pronta para lasanha
- 70 g de amido de milho
- 60 g de pistache sem casca
- 30 g de queijo parmesão ralado
- 30 g de margarina
- 1 colher (sopa) de azeite de oliva extravirgem
- Hortelã fresca a gosto
- Suco de 1 limão
- 60 ml de água
- Sal e pimenta-do-reino a gosto
- Papel-manteiga para forrar a assadeira

Modo de preparo

Descasque as abobrinhas, corte-as ao meio no sentido do comprimento e coloque em uma assadeira forrada com papel-manteiga. Tempere-as com margarina, sal, pimenta-do--reino e folhas de hortelã e leve ao forno a 180° C por 30 minutos.

Em uma panela, misture o pistache, o azeite, o suco de limão, a água, 70 g de queijo provolone e o sal e mexa até o queijo derreter. Reserve.

Ferva 650 ml de leite e adicione sal e pimenta. Dissolva o amido de milho no restante do leite e adicione ao leite fervente. Cozinhe por 1 minuto, mexendo sempre até engrossar e formar um creme.

Em uma assadeira antiaderente, coloque uma camada de massa fresca, uma camada de creme, o pistache temperado, a abobrinha, uma camada de creme e finalize com o restante do queijo provolone.

Leve ao forno em temperatura média por 15 minutos ou até o queijo derreter.

Receitas Maravilhosas
Receber em Casa

🕒 50 MINUTOS DE PREPARO
🍴 20 PORÇÕES

Lasanha de **berinjela**

Ingredientes

- 3 berinjelas médias
- 2 fios de óleo
- 1 cebola
- 2 dentes de alho
- 600 g de carne moída
- 2 tomates sem pele picados
- 2 colheres (sopa) de extrato de tomate
- Cheiro-verde a gosto
- Sal e pimenta-do-reino a gosto

MOLHO

- 1 caixa de creme de leite
- 2 colheres (sopa) de requeijão
- 250 g de queijo muçarela ralado bem grosso
- 50 g de queijo parmesão ralado para polvilhar

Modo de preparo

Lave as berinjelas e corte-as em fatias de 1 cm de espessura.

Em um recipiente grande, deixe as fatias de molho em água com 1 colher (sopa) de sal por 1 hora.

Em uma panela, aqueça 1 fio de óleo e refogue a cebola, o alho e a carne moída. Tempere com sal e pimenta-do-reino.

Acrescente o tomate e o extrato de tomate. No final, adicione o cheiro-verde picado a gosto. Em uma frigideira grande, frite em 1 fio de óleo as fatias de berinjela até ficarem bem douradas. Reserve.

MOLHO

Misture em uma panela o creme de leite, o requeijão e a muçarela.

Mexa sempre até obter um creme espesso. Reserve. Em um refratário, alterne uma camada de molho, uma de berinjela e outra do molho de carne.

Polvilhe o queijo parmesão ralado e leve ao forno até que derreta.

Massas da Mama
Transforme o lar em uma cantina italiana

Receitas Maravilhosas
Receber em Casa

🕐 **1 HORA DE PREPARO**
🍴 **12 PORÇÕES**

Lasanha de pão

Ingredientes

- 3 col. (sopa) de margarina
- 4 col. (sopa) de farinha de trigo
- 1 litro de leite
- 1 xíc. de ricota esfarelada
- 1 pacote de pão de forma (retirar as cascas)
- 5 tomates cortados em cubos, sem sementes e temperados com sal a gosto
- 1 col. (chá) de orégano
- 300 g de queijo muçarela
- 1 col. (sopa) de farinha de rosca
- 1 col. (sopa) de queijo parmesão

Modo de preparo

Bata o leite e a ricota no liquidificador e reserve. Derreta a margarina, adicione a farinha e deixe dourar. Sem parar de mexer, acrescente o leite batido com a ricota e deixe engrossar. Reserve.

Leve as fatias de pão ao forno, até que fiquem douradas.

Em um refratário, intercale as fatias de pão torradas, o molho branco, o tomate picado e temperado e as fatias de queijo muçarela. Repita as camadas e finalize com o queijo muçarela.

Salpique a farinha de rosca e o queijo parmesão e leve ao forno por cerca de 20 minutos ou até que a superfície esteja dourada.

Massas da Mama
Transforme o lar em uma cantina italiana

Receitas Maravilhosas
Receber em Casa

⏱ **1 HORA E 30 MINUTOS DE PREPARO**
🍴 **8 PORÇÕES**

Lasanha de shiitake

Ingredientes

- 3 col. (sopa) de azeite de oliva
- 1 folha de louro
- 1 cebola grande cortada em cubinhos
- 2 dentes de alho picados
- 4 xíc. (chá) de cogumelo shiitake picado
- 8 tomates sem pele e sem sementes em cubinhos
- 1 col. (sopa) de extrato de tomate
- 1 pimentão verde em cubinhos
- Sal e pimenta a gosto
- 2 col. (sopa) de salsa picada
- 2 col. (sopa) de cebolinha picada
- 1 col. (sopa) de manjericão
- 200 g de massa de lasanha pré-cozida
- 1 xíc. (chá) de queijo prato ralado

Modo de preparo

Em uma panela, aqueça o azeite e refogue o louro, a cebola e o alho por 2 minutos. Acrescente o shiitake e frite por mais 3 minutos.

Adicione os tomates, o extrato de tomate e o pimentão e refogue por mais 2 minutos. Junte o sal, a pimenta, a cebolinha, a salsa e o manjericão. Misture bem e desligue o fogo.

Em um refratário retangular grande, espalhe uma camada do molho preparado. Por cima, coloque uma camada de massa e outra de molho.

Polvilhe queijo ralado e repita a operação até completar o refratário. Termine com queijo e molho.

Deixe descansar por cerca de 1 hora. Cubra com papel-alumínio e asse em forno preaquecido por cerca de 20 minutos.

Massas da Mama
Transforme o lar em uma cantina italiana

Receitas Maravilhosas
Receber em Casa

Massas da Mama
Transforme o lar em uma cantina italiana

⏱ 40 MINUTOS DE PREPARO
🍴 4 PORÇÕES

Macarrão a **Alfredo**

Ingredientes
- 3 litros de água
- 1 col. (sopa) de sal
- 200 g de macarrão tipo espaguete
- 1 cenoura cortada em fios
- 1 abobrinha cortada em fios
- 2 mandioquinhas cortadas em fios

MOLHO
- Sal a gosto
- 2 col. (sopa) de margarina
- 2 col. (sopa) de cebola ralada
- 1 col. (sopa) de farinha de trigo
- 1 xíc. (chá) de leite
- 4 col. (sopa) de requeijão
- ½ col. (sopa) de noz-moscada
- 4 col. (sopa) de queijo parmesão ralado

Modo de preparo
Em um caldeirão, ferva a água com o sal e cozinhe o macarrão por 8 minutos. Acrescente a cenoura, a abobrinha e a mandioquinha e cozinhe por mais 2 minutos.

Escorra e reserve.

MOLHO
Em uma frigideira, junte a margarina e frite a cebola até murchar. Acrescente a farinha e o sal e mexa bem. Adicione o leite aos poucos até obter um creme. Junte o requeijão, retire do fogo e acrescente a noz-moscada.

Divida a massa cozida em três porções, regue com uma concha de molho e polvilhe o queijo ralado.

⏱ 45 MINUTOS DE PREPARO
🍴 6 PORÇÕES

Macarrão a pizzaiolo

Ingredientes

- 500 g de macarrão espaguete integral cozido
- Folhas de 1 ramo de manjericão
- 2 col. (sopa) de azeite
- 1 dente de alho em fatias finas
- 1 caixa de tomates cereja (400 g) cortados ao meio
- 250 g de queijo branco em cubos pequenos

Modo de preparo

Cozinhe o macarrão conforme as instruções do fabricante.

Aqueça o azeite e refogue as lascas de alho por 5 minutos.

Retire da frigideira.

Acrescente os tomates e salteie por aproximadamente 5 minutos. Junte as folhas de manjericão rasgadas.

Misture o preparado à massa cozida ainda quente. Acrescente o queijo branco.

Misture bem e sirva.

30 MINUTOS DE PREPARO
4 PORÇÕES

Macarrão brasileirinho ao forno

Ingredientes

- 500 g de macarrão cozido
- 2 colheres (sopa) de margarina
- 2 colheres (sopa) de farinha de trigo
- 1 cebola cortada em pétalas
- 3 xícaras (chá) de leite
- 1/2 xícara (chá) de queijo muçarela ralado grosso
- 1 xícara (chá) de requeijão
- 1 xícara (chá) de creme de leite
- 1 colher (café) de noz-moscada ralada
- Sal e pimenta a gosto
- 1 maço de brócolis cozido e picado
- 2 latas de milho-verde
- 1 xícara (chá) de queijo parmesão ralado

Modo de preparo

Aqueça a margarina e doure a farinha de trigo. Junte a cebola em pétalas (para serem retiradas após o cozimento do molho). Acrescente o leite sem parar de mexer. Deixe engrossar ligeiramente, retire a cebola, misture os queijos e, por último, adicione o creme de leite. Mexa bem, tempere com sal, pimenta e noz-moscada.

Em um refratário, alterne camadas de molho branco com queijos, e camadas com a metade do macarrão cozido, sempre seguida de brócolis e milho-verde. Leve tudo ao forno até gratinar.

Sirva bem quente.

Receitas Maravilhosas
Receber em Casa

🕒 **30 MINUTOS DE PREPARO**
🍴 **4 PORÇÕES**

Macarronada incrementada

Ingredientes

- 4 colheres (sopa) de óleo de girassol
- 1 cebola picada
- 2 dentes de alho picados
- 500 g de carne moída magra
- Sal e louro a gosto
- 3 colheres (sopa) de azeitona verde picada
- 300 ml de molho de tomate caseiro
- 4 colheres (sopa) de milho
- 2 colheres (sopa) de cheiro-verde
- 250 g de espaguete
- 2 colheres (sopa) de queijo parmesão ralado

Modo de preparo

Coloque o óleo numa panela. Refogue a cebola e o alho. Adicione a carne, sal e louro a gosto e refogue bem. Deixe dourar. Acrescente a azeitona, o molho de tomate e deixe apurar. Incorpore o milho e o cheiro-verde e acerte o sal. Reserve.

Cozinhe a massa com bastante água, mexendo para não embolar. Escorra. Passe o macarrão na água fria. Junte ao molho e mexa bem. Resfrie a panela com o macarrão em uma tigela com água e gelo. Coloque em um recipiente para congelamento.

Escreva o nome do prato e a data. Mantenha no freezer por até 3 meses. Na hora de servir, salpique queijo ralado.

Massas da Mama
Transforme o lar em uma cantina italiana

Receitas Maravilhosas
Receber em Casa

⏱ **40 MINUTOS DE PREPARO**
🍴 **6 PORÇÕES**

Nhoque de espinafre

Ingredientes

- 4 xíc. (chá) de queijo cottage
- ½ xíc. (chá) de ricota
- 2 col. (sopa) de farinha de trigo
- 2 xíc. (chá) de espinafre cozido, picado e espremido
- Sal e noz-moscada a gosto
- 1 clara
- 1 col. (sobrem.) de margarina
- 1 col. (sopa) de queijo parmesão ralado

MOLHO

- 1 col. (sopa) de margarina
- 1 cebola ralada
- 2 col. (sopa) de farinha de trigo
- 2 copos de leite
- Sal a gosto

Modo de preparo

Numa vasilha, coloque o cottage, a ricota, a farinha de trigo, a clara, o espinafre, o sal e a noz-moscada. Misture até obter uma massa lisa. Leve para gelar por 1 hora.

Depois desse tempo, faça bolinhas com a massa de espinafre e coloque-as num refratário untado com 1 colher (sobrem.) de margarina. Reserve-as.

MOLHO

Em uma panela, ponha a margarina e refogue a cebola. Adicione a farinha de trigo, o leite e o sal. Mexa bem por 2 minutos.

Despeje o molho sobre a massa, polvilhe o queijo ralado e asse por 15 minutos.

Massas da Mama
Transforme o lar em uma cantina italiana

Receitas Maravilhosas
Receber em Casa

🕐 35 MINUTOS DE PREPARO
🍴 4 PORÇÕES

Nhoque de mandioquinha

Ingredientes

- ½ kg de mandioquinha cozida e passada por um espremedor
- 1 clara
- 3 col. (sopa) de azeite de oliva
- 12 col. (sopa) de farinha de trigo
- Folhas de ½ maço médio de salsinha
- Sal a gosto

Modo de preparo

Coloque em uma tigela a mandioquinha espremida, a clara, 1 col. (sopa) de azeite e o sal. Aos poucos, misture a farinha de trigo até obter uma massa de textura delicada.

Transfira para um saco de confeitar com bico redondo (2 cm de diâmetro) e reserve.

Coloque a salsinha em uma panela com ½ litro de água fervente e 1 col. (chá) de sal. Cozinhe por 1 minuto, retire do fogo, escorra a água e bata a salsinha por 3 minutos no processador com o azeite de oliva restante e 4 col. (sopa) de água. Despeje em uma panela, leve ao fogo baixo e cozinhe por 3 minutos.

Retire do fogo e reserve.

Corte os nhoques (3 cm), aos poucos, sobre uma panela com 4 litros de água fervente e sal. Ao subirem à superfície, retire-os com uma escumadeira.

MONTAGEM

Arrume os nhoques nos pratos, regue com o molho de salsinha e decore com tomate cereja.

Massas da Mama
Transforme o lar em uma cantina italiana

Receitas Maravilhosas
Receber em Casa

Massas da Mama
Transforme o lar em uma cantina italiana

⏱ 35 MINUTOS DE PREPARO
🍴 4 PORÇÕES

Nhoque recheado **de ricota**

Ingredientes
- 8 batatas médias
- 1 col. (sopa) de margarina
- 2 ovos
- 2 xíc. (chá) de semolina de trigo (aproximadamente)
- Sal a gosto
- 2 xíc. (chá) de ricota
- 1 xíc. (chá) de molho ao sugo pronto

Modo de preparo
Cozinhe as batatas e passe-as no espremedor. Junte os ovos, o sal, a margarina e a semolina, até obter uma massa homogênea e que permita fazer bolinhas (a quantidade de semolina pode variar de acordo com a umidade das batatas).

Pegue pequenas porções da massa, recheie com uma colher (chá) de ricota, feche bem e coloque em uma superfície enfarinhada.

Cozinhe-os em água fervente com um fio de óleo e sal por cerca de 5 minutos (estes nhoques não sobem à superfície como os tradicionais). Coloque-os num refratário e cubra com o molho pronto.

Receitas Maravilhosas
Receber em Casa

Massas da Mama
Transforme o lar em uma cantina italiana

🕐 45 MINUTOS
DE PREPARO
🍴 4 PORÇÕES

Paglia e fieno
ao molho de limão

Ingredientes
- 2 col. (sopa) de azeite de oliva
- ½ xíc. (chá) de creme de leite
- 2 col. (sopa) de suco de limão
- 2 col. (sopa) de raspas de casca de limão
- 1 col. (sopa) de cachaça
- 250 g de paglia e fieno
- Sal e pimenta-do-reino moída na hora a gosto

Modo de preparo

Em uma tigela refratária, bata 1 colher (sopa) de azeite de oliva com o creme de leite. Sem parar de bater, adicione aos poucos o suco de limão. Incorpore as raspas de casca de limão e a cachaça. Bata por mais 1 minuto. Leve ao fogo, em banho-maria, e cozinhe sem parar de bater por 10 minutos ou até encorpar, mas sem ferver. Tempere com sal, retire do fogo e reserve.

Coloque a paglia e fieno em uma panela com 2,5 litros de água fervente e 2 col. (chá) de sal. Cozinhe, mexendo de vez em quando com cuidado, até a massa ficar al dente. Retire do fogo e escorra a água.

Distribua a massa nos pratos, cubra com o molho, regue com o azeite de oliva restante, polvilhe pimenta-do-reino e decore com manjericão.

Receitas Maravilhosas
Receber em Casa

⏱ **2 HORAS E 30 MINUTOS DE PREPARO**
🍴 **16 PORÇÕES**

Pizza quena

Ingredientes
- 2 ovos
- 1 xíc. (chá) de leite morno
- 4 col. (sopa) de azeite
- 1 col. (chá) de sal
- 15 g de fermento fresco
- 6 xíc. (chá) de farinha de trigo branca

RECHEIO
- 2 ovos batidos
- 150 g de muçarela em cubos
- 150 g de salame em cubos
- Sal e orégano a gosto

Modo de preparo

Junte todos os ingredientes líquidos da massa, depois o sal e o fermento. Em seguida, adicione a farinha de trigo aos poucos. Misture bem com as mãos até formar uma massa de pão. Deixe descansar por 1 hora.

Enquanto isso, bata os ovos, misture o queijo, o salame e os temperos. Mexa tudo como se estivesse fazendo uma omelete.

Quando a massa aumentar de tamanho, divida-a em duas porções. Abra-as com um rolo.

Com uma das partes, forre uma assadeira retangular untada com manteiga e enfarinhada. Coloque o recheio e espalhe.

Com a outra parte da massa, cubra o recheio e feche as extremidades apertando com as pontas dos dedos. Deixe a pizza descansar por cerca de 30 minutos.

Antes de colocar no forno, pincele a massa com 1 gema batida com 1 colher (sopa) de leite.

Leve ao forno preaquecido durante 40 minutos ou até a massa dourar.

Retire do forno e sirva a seguir.

Massas da Mama
Transforme o lar em uma cantina italiana

Receitas Maravilhosas
Receber em Casa

🕐 **1 HORA E 10 MINUTOS DE PREPARO**
🍴 **4 PORÇÕES**

Rondelle
de ricota e nozes

Ingredientes

- 1 pacote de massa fresca pré-cozida para lasanha
- 50 g de queijo parmesão ralado

RECHEIO
- 250 g de ricota fresca
- 200 g de nozes descascadas e picadas grosseiramente
- Salsa picada a gosto
- 4 colheres (sopa) de azeite de oliva extravirgem
- 1 colher (sopa) de vinagre balsâmico
- Sal a gosto

MOLHO
- 2 colheres (sopa) de farinha de trigo
- 1 colher (sopa) de manteiga
- 1 litro de leite
- 1 colher (chá) de noz-moscada
- Sal a gosto

Modo de preparo

RECHEIO
Em um recipiente médio, amasse a ricota e junte as nozes picadas e a salsa. Depois de misturar bastante, acrescente o azeite, o vinagre e sal a gosto.
Misture bem e reserve.

MOLHO
Em uma panela grande, coloque apenas a farinha e deixe dourar. Acrescente a manteiga e misture bem. Coloque o leite e deixe ferver. Quando levantar fervura, adicione a noz-moscada e o sal. Deixe ferver por 5 minutos, mexendo sempre, e reserve.

MONTAGEM
Separe as folhas de massa e espalhe quantidade generosa de recheio em cada uma. Enrole no sentido mais longo. Corte os rolinhos do tamanho desejado e coloque-os em um refratário, deixando cerca de 1 cm de espaço entre eles. Espalhe o molho com cuidado, polvilhe o queijo parmesão ralado e leve ao forno de acordo com as instruções indicadas na embalagem da massa.

Massas da Mama
Transforme o lar em uma cantina italiana

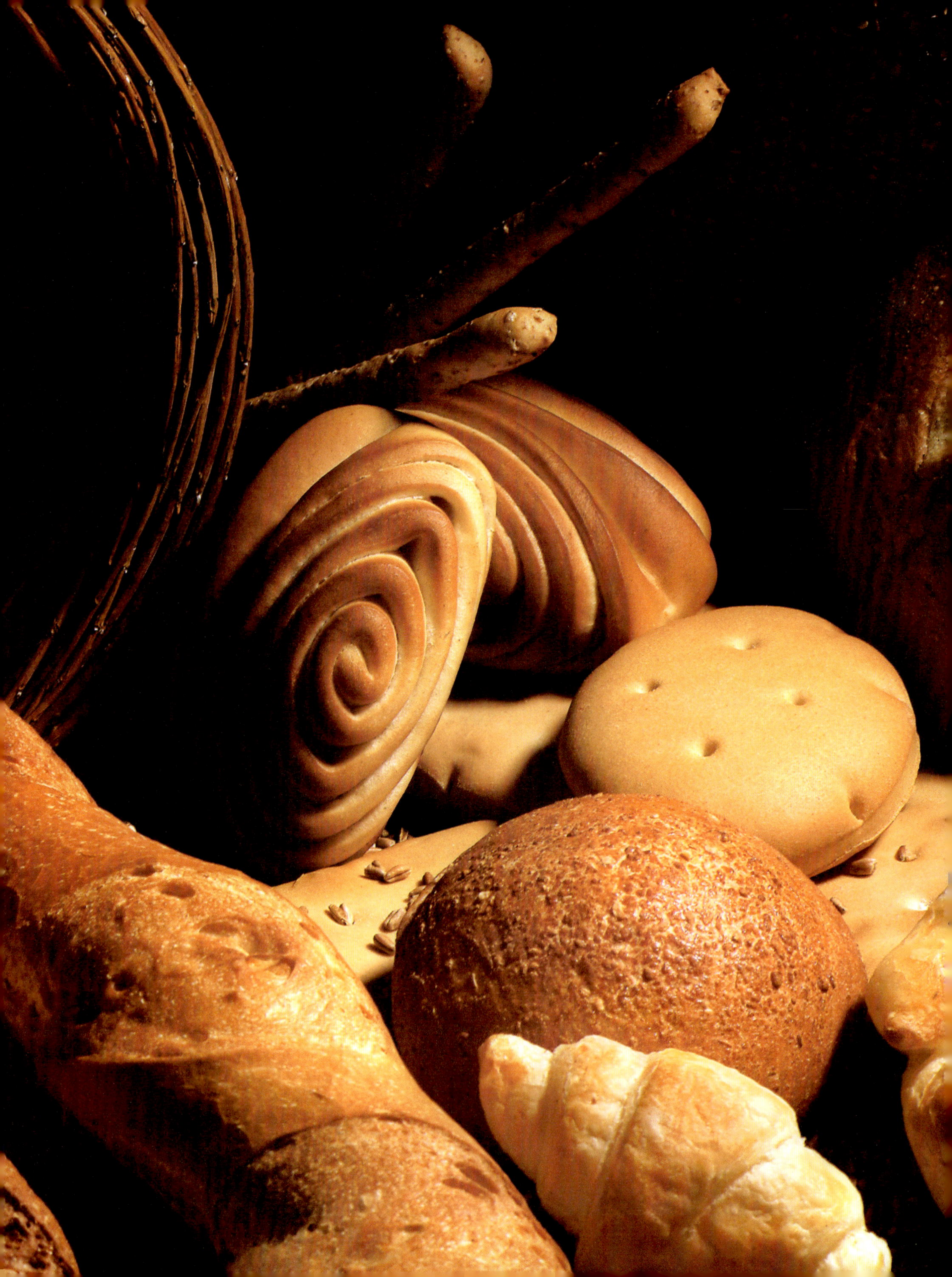

Pães Especiais
Clássicos da confeitaria para o lanche

Receitas Maravilhosas
Receber em Casa

🕐 1 HORA E 40 MINUTOS DE PREPARO
🍴 20 PORÇÕES

Pão caipira

Ingredientes

MASSA
- 40 g de fermento biológico
- 580 ml de água
- 1 kg de farinha de trigo
- 20 g de sal
- 10 g de melhorador de farinha (deixa a massa mais fácil de sovar, além de garantir volume, textura e cor)
- 10 g de açúcar
- 40 g de leite em pó
- 60 g de margarina
- 1 ovo para pincelar

RECHEIO
- 300 g de linguiça frita em pedaços
- 300 g de ricota fresca amassada e temperada com sal e pimenta-do-reino a gosto
- 1 xíc. (chá) de molho de tomate de sua preferência
- ½ xíc. (chá) de azeitonas picadas
- 3 ovos cozidos picados

Modo de preparo

MASSA
Dilua o fermento em parte da água. Reserve.

Em outro recipiente, misture os demais ingredientes, exceto a água restante e o ovo.

Adicione o fermento diluído.

Aos poucos, acrescente a água reservada e vá amassando e levantando a massa, empurrando-a para a frente com a palma da mão e dobrando-a sobre si. Deixe descansar por 20 minutos.

Em seguida, amasse novamente e prepare o pão, dando-lhe o formato desejado.

Caso a massa fique pegajosa, espalhe mais farinha por cima e deixe descansar por mais 10 minutos. Coloque em tabuleiro untado. Aqueça o forno e pincele o pão com o ovo. Leve para assar por aproximadamente 40 minutos ou até que esteja dourado.

RECHEIO
Misture todos os ingredientes. Prepare a massa, abra com rolo e espalhe o recheio. Modele os pães e leve ao forno para assar.

Pães Especiais
Delícias de confeitaria para lanches

⏱ 1 HORA E 15 MINUTOS DE PREPARO
🍽 14 PORÇÕES

Pão com queijo e peito de peru

Ingredientes

MASSA
- 500 g de farinha de trigo
- 100 g de farinha de linhaça
- 50 g de farinha de aveia
- ¾ de xíc. (chá) de óleo de canola
- 2 col. (sopa) de açúcar
- ½ col. (sopa) de sal
- 1 xíc. (chá) de água morna
- 10 g de fermento seco para pão
- 1 ovo
- 3 col. (sopa) de sementes de gergelim, girassol e linhaça marrom em grãos.

RECHEIO
- 1 embalagem de peito de peru picado
- 2 xíc. (chá) de muçarela ralada
- Orégano a gosto

Modo de preparo

MASSA

Dissolva o fermento na água, misture todos os ingredientes e sove bem. Deixe descansar por 30 minutos. Modele em bolinhas. Cada uma deve conter cerca de 50 g.

Coloque em forma própria untada e leve para assar a 220°C por aproximadamente 40 minutos. Acrescente 3 col. (sopa) de sementes de gergelim, girassol e linhaça marrom em grãos.

RECHEIO

Misture os ingredientes. Abra as massas para rechear os pãezinhos e leve para assar. Polvilhe com orégano e queijo parmesão ralado. Sirva quente ou frio.

⏱ 2 HORAS DE PREPARO
🍴 30 PORÇÕES

Pão de batata recheado com linguiça

Ingredientes

- 30 g de fermento biológico
- 1 xícara (chá) de leite
- 1 colher (sopa) de açúcar
- 1 colher (sobremesa) de sal
- 1/2 kg de farinha de trigo
- 250 g de batata cozida e amassada
- 2 ovos
- 3 colheres (sopa) de manteiga
- 200 g de ricota amassada
- 100 g de linguiça calabresa ralada
- 3 colheres (sopa) de cebola ralada
- 3 colheres (sopa) de salsa e cebolinha picadas

Modo de preparo

Junte os quatro primeiros ingredientes e 3 colheres (sopa) de farinha de trigo.

Misture bem e deixe a massa levedar por 30 minutos. Adicione os demais ingredientes.

Deixe crescer por mais 30 minutos. Faça os pães, recheie-os com a ricota, a linguiça, a cebola e o cheiro-verde.

Pincele os pãezinhos com uma gema.

Coloque-os em forma untada e asse por cerca de 30 minutos.

⏱ 1 HORA E 30 MINUTOS DE PREPARO
🍴 8 PORÇÕES

Pão de forma de cenoura

Ingredientes

- 2 cenouras raladas
- 1 xíc. (chá) de água morna
- 1 tablete de fermento biológico fresco
- 1 col. (sopa) de açúcar em pó forno e fogão
- 1 cebola ralada
- 1 col. (sopa) de margarina
- 1 e ½ xíc. (chá) de farinha de trigo
- 3 dentes de alho amassados

Modo de preparo

Corte a cenoura e passe-a pelo processador com a água. Reserve.

Misture o fermento e o açúcar até formar uma pasta. Adicione a cenoura e mexa bem.

Aqueça a margarina e doure a cebola e o alho. Junte à mistura de cenoura e adicione aos poucos a farinha, mexendo até que esteja bem incorporada.

Despeje numa forma para pão retangular média (tipo bolo inglês) e deixe crescer por 1 hora. Asse em forno preaquecido a 175º C por 25 minutos.

⏱ 1 HORA E 40 MINUTOS DE PREPARO
🍴 20 PORÇÕES

Pão de frios

Ingredientes

MASSA
- 140 g de fermento biológico
- 580 ml de água
- 1 kg de farinha de trigo
- 20 g de sal
- 10 g de melhorador de farinha (deixa a massa mais fácil de sovar, além de garantir volume, textura e cor)
- 10 g de açúcar
- 40 g de leite em pó
- 60 g de margarina
- 1 ovo para pincelar

RECHEIO
- 500 g de frios variados ou retalhos
- 100 g de requeijão
- 50 ml de massa de tomate
- Tempero a gosto

Modo de preparo

Misture os frios, o requeijão e a massa de tomate, tempere e reserve.

Após sová-la, abra com um rolo e coloque o recheio. Feche as pontas e leve ao forno para assar.

Pão de frango com requeijão

⏱ 1 HORA E 40 MINUTOS DE PREPARO
🍴 18 PORÇÕES

Ingredientes

- 40 g de fermento biológico fresco
- 2 e ½ xíc. (chá) de água
- 1 kg de farinha de trigo
- 1 col. (sopa) de sal
- 1 embalagem de melhorador de farinha (10 g)
- 2 col. (café) de açúcar
- 2 col. (sopa) de leite em pó
- 1/3 de xíc. (chá) de margarina
- 1 ovo para pincelar

RECHEIO

- 1 col. (sopa) de margarina
- 1 alho picado
- 500 g de frango cozido e desfiado
- 1 cebola picada
- Cheiro-verde picado a gosto
- 100 g de palmito picado
- 150 g de requeijão cremoso

Modo de preparo

MASSA

Dilua o fermento em parte da água. Reserve. Em outro recipiente, misture os demais ingredientes, exceto a água restante e o ovo. Adicione o fermento diluído. Aos poucos, acrescente a água reservada. Vá amassando e levantando a massa, empurrando-a para a frente com a palma da mão e dobrando-a sobre si.

Deixe descansar por 20 minutos.

Em seguida, amasse novamente e prepare o pão, dando-lhe o formato desejado. Caso espalhe mais farinha por cima, deixe que descanse por mais 10 minutos.

Coloque em um tabuleiro untado.

RECHEIO

Em uma panela, despeje a margarina e refogue o alho.

Acrescente o frango desfiado e deixe fritar por 1 minutos. Adicione a cebola, o cheiro-verde e os temperos. Deixe refogar até secar a água. Desligue o fogo e acrescente o palmito e o requeijão. Abra a massa com um rolo e recheie. Aqueça o forno e pincele o pão com o ovo. Leve para assar por cerca de 40 minutos ou até que esteja dourado.

Pães Especiais
Delícias de confeitaria para lanches

⏱ **15 MINUTOS DE PREPARO**
🍴 **25 PORÇÕES**

Pão de queijo sem lactose

Ingredientes

- ½ xíc. (chá) de água
- ½ xíc. (chá) de óleo de canola
- 2 xíc. (chá) de polvilho doce
- ½ xíc. (chá) de polvilho azedo
- ½ col. (sopa) de sal
- 2 xíc. (chá) de batata cozida e amassada
- 1 col. (sopa) de fermento em pó

Modo de preparo

Coloque a água e o óleo para ferver.

À parte, misture os polvilhos e o sal. Quando a água estiver fervendo, escalde os polvilhos doce e azedo, mexendo tudo rapidamente. Junte a batata amassada e misture bem, até obter uma massa bem lisa. Adicione o fermento em pó e misture bem até incorporar na massa.

Unte as mãos com um pouco de óleo e faça as bolinhas de pão de queijo do tamanho que desejar. Preaqueça o forno em temperatura média (180° C).

Em uma assadeira untada, asse os pãezinhos por 25 minutos ou até que fiquem dourados.

⏱ 1 HORA E 30 MINUTOS DE PREPARO
🍴 12 PORÇÕES

Pão de linhaça recheado

Ingredientes

- 1 copo de leite morno
- 50 g de fermento biológico
- 400 g de farinha de trigo
- 200 g de margarina
- 4 ovos inteiros
- 1 col. (chá) de sal
- 4 batatas cozidas e amassadas
- 1 col. (sopa) de semente de linhaça
- 2 tomates picados sem pele e sementes
- ½ xíc. (chá) de azeitonas pretas
- 2 col. (sopa) de manjericão
- 1 ovo para pincelar

Modo de preparo

Desmanche o fermento biológico no leite morno. Adicione a farinha, a margarina, os ovos, o sal e, por último, as batatas cozidas amassadas.

Misture tudo, batendo na batedeira. Adicione a semente de linhaça e mexa bem. Unte uma assadeira grande com metade da massa.

Coloque os tomates picados, a azeitona e o manjericão.

Cubra com o restante da massa e deixe descansar por 30 minutos.

Pincele com o ovo batido e leve ao forno. Asse por 45 minutos ou até que esteja dourado.

Receitas Maravilhosas
Receber em Casa

⏱ **40 MINUTOS DE PREPARO**
🍴 **6 PORÇÕES**

Pão salgado **recheado**

Ingredientes

- 550 g de fermento biológico fresco
- 2 ovos
- 1 xíc. (chá) de água morna
- 4 col. (sopa) de leite em pó
- 2 col. (sopa) de margarina
- 1 col. (sopa) de açúcar
- 1 col. (sobremesa) de sal
- 1 kg de farinha de trigo

RECHEIO

- 1 maço de brócolis cozido
- 50 g de blanquet de peru
- 1 tomate picado
- 1 pimentão picado
- 1 cebola picada
- 1 xíc. (chá) de salsinha picada
- 1 col. (sopa) de orégano
- Azeite a gosto
- ½ maço de rúcula picado
- 1 gema para pincelar
- 1 xíc. (chá) de creme de cottage

Modo de preparo

Coloque os ingredientes, menos a farinha, no liquidificador e bata até ficar homogêneo. Despeje em um recipiente e adicione a farinha, aos poucos. Transfira para uma superfície enfarinhada e amasse, adicionando mais farinha até desgrudar das mãos. Cubra com um pano e deixe descansar até dobrar de volume. Divida a massa ao meio e abra as duas partes com o auxílio de um rolo.

RECHEIO

Misture todos os ingredientes. Distribua o recheio nas massas e feche-as. Coloque-as sobre uma assadeira untada, pincele com a gema e leve para assar em forno preaquecido até dourar.

Pães Especiais
Delícias de confeitaria para lanches

⏲ 1 HORA E 30 MINUTOS DE PREPARO
🍴 1 PORÇÃO

Pão sem glúten

Ingredientes

- 4 col. (sopa) de margarina
- 1 xíc. (chá) de leite de coco morno
- 2 xíc. (chá) de fubá
- 2 ovos
- 1 envelope de fermento biológico em pó
- 1 col. (chá) de sal
- 1 col. (sopa) de açúcar
- 1 xíc. (chá) de fécula de batata
- 1 xíc. (chá) de amido de milho

Modo de preparo

Misture todos os ingredientes com as mãos. Não se deve sovar.

Coloque em uma forma para pão, untada com margarina e polvilhada com amido de milho.

Cubra com um plástico e deixe crescer até aumentar o volume. Aqueça o forno e coloque o pão para assar pincelado com gema.

Asse até o ponto em que, ao enfiar um palito na massa, ele saia bem limpo.

⏱ 45 MINUTOS DE PREPARO
🍴 30 PORÇÕES

Pãozinho de cenoura

Ingredientes
- 1 kg de farinha de trigo
- 45 g de fermento biológico fresco
- 3 cenouras médias
- 1 colher (sobremesa) de sal
- 2 ovos
- 1 gema (para pincelar)
- 5 colheres (sopa) de margarina
- 50 g de açúcar
- 1 copo de leite

Modo de preparo

Dissolva o fermento no açúcar.

Acrescente o restante da farinha aos poucos, até dar a liga de pão, os ovos, a margarina e sove bem a massa.

Rale as cenouras. Acrescente o sal e deixe escorrer bem. Seque-as com a ajuda de um pano. Acrescente essa mistura à massa e sove novamente.

Faça pequenas bolinhas e deixe-as crescer por 30 minutos ou até que dobrem de tamanho. Pincele os pães com a gema e leve ao forno em temperatura média até dourarem.

50 MINUTOS DE PREPARO
1 PORÇÃO

Pão de coco

Ingredientes

- 500 g de farinha de trigo
- 50 g de margarina
- 50 g de açúcar
- 2 ovos
- 250 ml de leite de coco
- 50 g de coco ralado
- 15 g de fermento biológico
- 1 col. (café) de sal

Modo de preparo

Misture todos os ingredientes e misture a massa, sovando muito bem por cerca de 5 minutos. Deixe descansar por mais 20 minutos.

Depois desse tempo, faça bolinhas do tamanho desejado e coloque todas elas em uma assadeira retangular de 25 cm. O recipiente não precisa ser untado.

Leve para assar no forno com temperatura de 200ºC por aproximadamente 20 minutos ou até que o pão esteja dourado.

Sirva em seguida, ainda quente.

⏲ 10 MINUTOS DE PREPARO
🍴 25 PORÇÕES

Pão de minuto

Ingredientes

- 4 colheres (sopa) de açúcar culinário
- 4 xícaras (chá) de farinha de trigo
- 3 colheres (sopa) de margarina
- 2 colheres (sopa) de fermento em pó
- 1 colher (chá) rasa de sal com redução de sódio
- 2 potes de iogurte natural (400 g)

Modo de preparo

Primeiro, junte o açúcar, a farinha de trigo, a margarina, o fermento, o sal e o iogurte em uma tigela e faça com eles a massa, misturando bem (use as mãos, se preciso).

Enrole pãezinhos e, se quiser, pincele uma gema de ovo.

Leve ao forno médio (180 °C) em forma untada e polvilhada, até que dourem.

⏱ **1 HORA DE PREPARO**
🍴 **12 PORÇÕES**

Pão de limão

Ingredientes

MASSA
- 40 g de fermento biológico
- 580 ml de água
- 1 kg de farinha de trigo
- 20 g de sal
- 10 g de melhorador de farinha (deixa a massa mais fácil de sovar, além de garantir volume, textura e cor)
- 10 g de açúcar l 40 g de leite em pó
- 60 g de margarina
- 1 ovo para pincelar Recheio
- 1 lata de leite condensado
- Suco de 3 limões

Modo de preparo

MASSA

Dilua o fermento em parte da água. Reserve. Em outro recipiente, misture os demais ingredientes, exceto a água restante e o ovo. Adicione, também, o fermento diluído. Aos poucos, acrescente a água reservada e vá amassando e levantando a massa, empurrando-a para a frente com a palma da mão e dobrando-a sobre si. Deixe descansar por 20 minutos Em seguida, amasse novamente e prepare o pão, dando-lhe o formato desejado. Caso a massa se apresente pegajosa, espalhe mais farinha por cima e deixe que ela descanse mais 10 minutos Coloque em tabuleiro untado. Aqueça o forno e pincele o pão com o ovo. Leve para assar por aproximadamente 40 minutos ou até que esteja dourado.

RECHEIO

Misture o leite condensado e o limão até ficar em ponto cremoso e firme. Abra a massa do pão com um rolo, espalhe o recheio de creme, enrole em forma de trança e leve para assar.

40 MINUTOS DE PREPARO
15 PORÇÕES

Pão de polvilho com óleo de coco

Ingredientes

- 3 ovos
- 2 xícaras (chá) de polvilho azedo
- 2 xícaras (chá) de polvilho doce
- 1 xícara (chá) de água
- ½ xícara (chá) de óleo de coco
- 1 colher (chá) de sal

Modo de preparo

Ferva a água e reserve.

Em uma bacia, misture o polvilho doce, o polvilho azedo, os ovos e o sal.

Acrescente o óleo de coco e misture bem.

Por último, coloque a água fervendo aos poucos e misture bem até ficar uma massa "grudenta".

Coloque a massa em colheradas (como se fosse um pão de queijo), em uma assadeira grande, sem untar.

Asse em fogo alto por aproximadamente 30 minutos.

⏱ 1 HORA DE PREPARO
🍴 40 PORÇÕES

Pão de mel

Ingredientes
- 3 e 1/2 xícaras (chá) de farinha de trigo integral
- 1 colher (sopa) de fermento em pó
- 1/2 xícara (chá) de margarina
- 1 e 1/2 xícara de mel com geleia real
- 3 ovos
- 300 g de nozes picadas
- 2 colheres (chá) de canela em pó
- 2 colheres (sopa) de cacau em pó

Modo de preparo

Bata a margarina e adicione o mel com geleia real e os ovos. Pique as nozes e reserve. Misture a farinha com o fermento, a canela e o cacau.

Junte às nozes picadas.

Espalhe a massa em uma forma refratária untada com margarina e polvilhada com farinha de trigo. Pincele a superfície com um ovo batido. Asse em forno médio preaquecido por 35 minutos.

Corte o pão de mel ainda quente em quadradinhos e deixe esfriar na própria assadeira.

Guarde em recipiente fechado e espere alguns dias antes de servir.

⏱ 1 HORA E 45 MINUTOS DE PREPARO
🍴 10 PORÇÕES

Fatias húngaras

Ingredientes

MASSA
- 30 g de fermento biológico
- 3 col. (sopa) de açúcar
- 2 xíc. (chá) de leite
- 2 ovos
- 4 col. (sopa) de manteiga
- 800 g de farinha de trigo

RECHEIO
- 100 g de coco ralado seco
- 4 col. (sopa) de manteiga
- ½ xíc. (chá) de açúcar

CALDA
- 2 xíc. (chá) de leite
- 3 col. (sopa) de açúcar

Modo de preparo

Junte o fermento, o açúcar e o leite com 3 col. (sopa) da farinha e deixe levedar por 30 minutos.

Adicione os demais ingredientes, colocando o restante da farinha aos poucos, até obter uma massa macia.

Divida a massa em duas partes, abra-as em formato retangular, recheie-as e enrole-as.

Corte em fatias e deixe crescer na assadeira por 30 minutos e asse por 25 minutos.

Retire do forno, coloque a calda quente e aqueça por 5 minutos.

Receitas Maravilhosas
Receber em Casa

Pães Especiais
Delícias de confeitaria para lanches

🕐 **1 HORA E 45 MINUTOS DE PREPARO**
🍴 **12 PORÇÕES**

Rosca de passas

Ingredientes

MASSA
- 4 col. (sopa) de açúcar
- 3 tabletes de fermento biológico
- ¾ de xíc. (chá) de leite morno
- 5 xíc. (chá) de farinha de trigo (aproximadamente)
- 3 ovos
- 3 col. (sopa) de margarina derretida
- 1 col. (chá) de sal
- 2 gemas (para pincelar)
- Açúcar (para polvilhar)

RECHEIO
- 3 col. (sopa) de margarina
- ½ xíc. (chá) de açúcar
- 2 e ½ xíc. (chá) de uva-passa sem semente

Modo de preparo

MASSA

Coloque o açúcar numa tigela e esmigalhe o fermento. Junte o leite e 1 xícara de farinha. Misture e deixe descansar por 20 minutos.

Junte a farinha de trigo restante, os ovos, a margarina e o sal. Amasse bem, numa superfície polvilhada. Coloque a massa em uma bacia coberta com um pano e deixe crescer até dobrar de volume.

RECHEIO

Derreta a margarina, junte o açúcar e a uva-passa e misture bem. Espere esfriar para usar.

Abra a massa formando um retângulo de 40 cm x 50 cm, com 0,5 cm de espessura. Espalhe o recheio sobre a massa aberta e enrole como um rocambole. Corte em seis partes iguais.

Arrume os rolos de massa numa forma redonda grande, untada e polvilhada. Coloque cada uma das partes lado a lado em volta da forma, deixando um espaço entre elas. Deixe crescer por 1 hora e asse em forno preaquecido por cerca de 45 minutos.

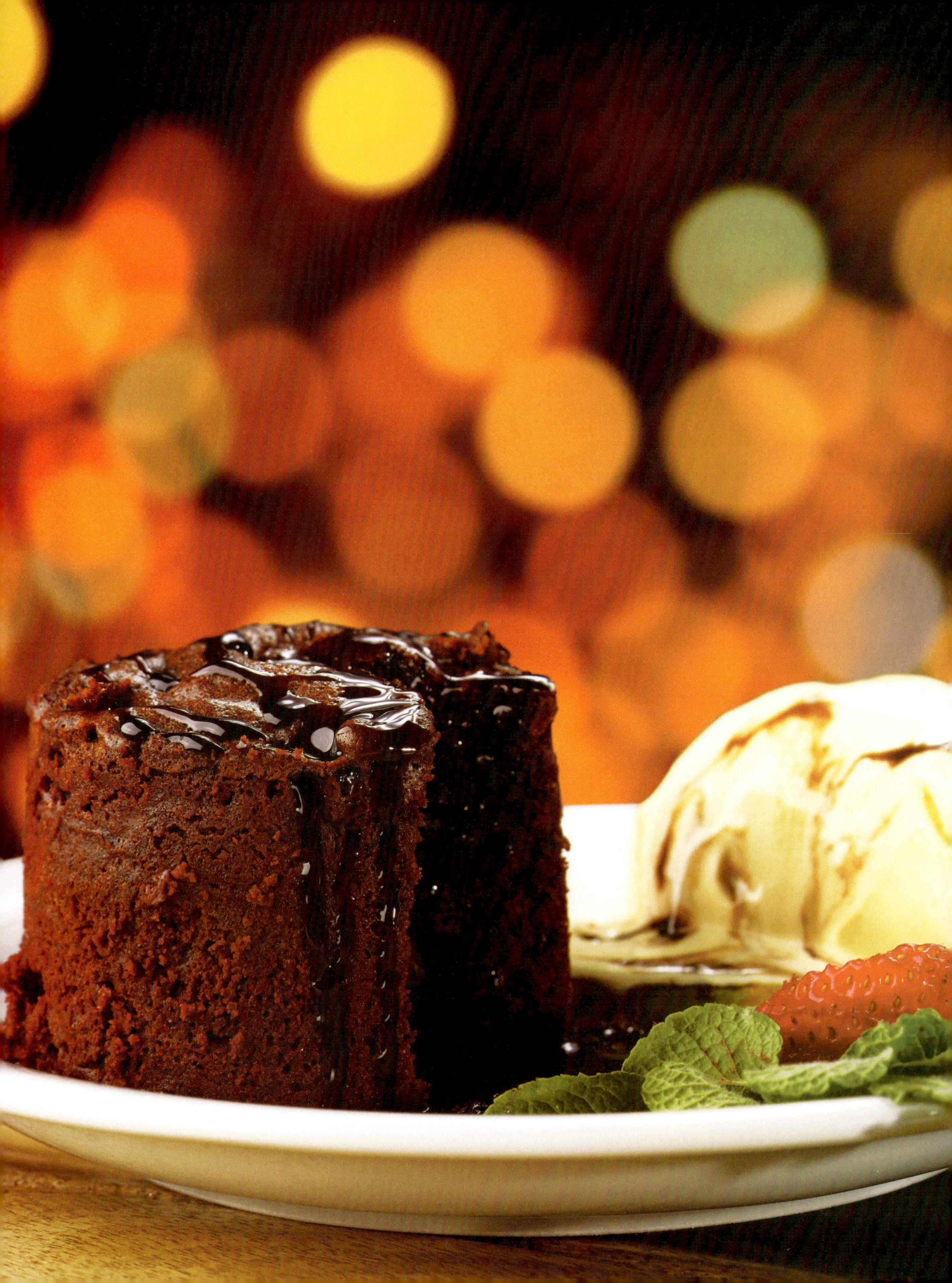

Doces e Sobremesas
Gostosuras que encantam os convidados

⏱ **1 HORA DE PREPARO**
🍴 **16 PORÇÕES**

Alfajores de laranja

Ingredientes

- 1 xícara (chá) de farinha de trigo
- 2 xícaras (chá) de amido de milho
- 1 ovo
- 4 colheres (sopa) de açúcar
- 1 colher (chá) de fermento químico em pó
- 2 colheres (sopa) de suco de laranja
- 1 colher (chá) de raspas de laranja
- 150 g de margarina

RECHEIO
- ½ xícara (chá) de doce de leite

COBERTURA
- 150 g de chocolate ao leite

Modo de preparo

Em um recipiente coloque a margarina, o suco de laranja, o açúcar, as raspas de laranja, o fermento, a farinha de trigo.

Amasse com as mãos e acrescente o amido de milho.

Abra a massa entre dois plásticos, corte com um cortador e coloque em uma forma.

Leve ao forno (120ºC) por aproximadamente 20 minutos.

Para rechear, passe o doce de leite em um alfajor e feche com outro. Depois, derreta o chocolate em banho-maria e banhe.

⏱ 30 MINUTOS DE PREPARO
🍴 8 PORÇÕES

Fondue de chocolate

Ingredientes

- 300 g de chocolate meio amargo picado
- ¾ de xícara (chá) de creme de leite fresco
- 2 colheres (sopa) de conhaque
- 2 colheres (chá) de café solúvel
- 1 manga grande cortada em cubos
- 1 maçã vermelha grande com casca cortada em cubos
- 140 g de uva itália
- 140 g de uva benitaca
- 1 bolo de avelã pronto cortado em cubos

Modo de preparo

Na panela para fondue, coloque o chocolate e o creme de leite e cozinhe em fogo baixo.

Mexa de vez em quando com uma colher de pau, até o chocolate derreter e a mistura ficar homogênea (aproximadamente quatro minutos). Retire do fogo.

Acrescente o conhaque e o café solúvel e misture bem.

Acenda o fogo e coloque a panela para fondue sobre ele.

Depois é só usar as frutas para beliscar.

Receitas Maravilhosas
Receber em Casa

🕐 1 HORA DE PREPARO
🍴 8 PORÇÕES

Gelatina
com ameixa e aveia

Ingredientes

- 2 envelopes de gelatina sem sabor
- 300 ml de leite
- ½ xícara de açucar
- 4 ovos
- 1 colher (café) de essência de baunilha
- 4 colheres (sopa) de rum
- ½ xícara (chá) de aveia em flocos
- ½ xícara (chá) de ameixa preta sem caroço e sem pele

Modo de preparo

Dissolva a gelatina no leite, junte o açucar. e as gemas; coloque na batedeira e bata até que esteja bem misturado. Leve ao fogo em banho-maria e cozinhe, sem parar de mexer, até que a mistura esteja lisa e levemente engrossada. Retire do fogo, acrescente a baunilha, o rum, a aveia e a ameixa. Misture para incorporar bem os ingredientes. Leve à geladeira por cerca de 20 minutos ou até que comece a endurecer. Bata as claras em neve firme e reserve. Quando o creme de fruta começar a endurecer, junte as claras, misturando delicadamente. Despeje em taças individuais e deixe na geladeira de um dia para outro.

Doces e Sobremesas
Gostosuras que encantam os convidados

Receitas Maravilhosas
Receber em Casa

🕒 **40 MINUTOS DE PREPARO**
🍴 **38 PORÇÕES**

Muffin
de banana

Ingredientes

- 1 e ½ xícara (chá) de farinha de trigo
- 1 e ½ colher (sopa) de fermento em pó
- 1 pitada de sal e uma de noz-moscada
- ½ colher (sopa) de gengibre em pó
- 7 bananas-nanicas
- ¾ de xícara (chá) de açúcar
- ½ xícara (chá) de manteiga derretida
- ¼ de xícara (chá) de leite
- 1 ovo grande
- 1 xícara (chá) de nozes

Modo de preparo

Aqueça o forno em temperatura média.

Numa tigela, misture a farinha, o bicarbonato, o sal, a noz-moscada e o gengibre.

Em outra tigela, amasse a banana e misture com o açúcar, a manteiga, o leite e o ovo. Junte à farinha e misture.

Adicione as nozes trituradas grosseiramente e misture novamente. Distribua a massa entre 38 forminhas de papel com 5 cm de diâmetro, preenchendo até ¾ da capacidade.

Asse por 15 minutos ou até que, ao enfiar um palito no centro da massa, ele saia limpo.

Retire do forno, deixe amornar por cinco minutos sobre uma grade. Desenforme e sirva.

Doces e Sobremesas
Gostosuras que encantam os convidados

30 MINUTOS DE PREPARO
12 PORÇÕES

Torta de sequilho e creme de abacate

Ingredientes

MASSA
- 1 xícara (chá) de amido de milho
- 2 xícaras (chá) de farinha de trigo
- 1 colher (chá) de sal
- 1 colher (sopa) de fermento em pó
- 1 xícara (chá) de leite
- 3 colheres (sopa) de óleo
- 1 ovo

COBERTURA
- 1 abacate
- ½ xícara (chá) de suco de limão
- 2 xícaras (chá) de leite condensado

Modo de preparo

MASSA

Misture e amasse todos os ingredientes.

Forre uma forma de aro removível. Asse em forno médio preaquecido até começar a dourar.

COBERTURA

Bata todos os ingredientes no liquidificador até ficar um creme homogêneo.

Despeje sobre a massa fria e leve à geladeira até o dia seguinte. Sirva a torta gelada.

⏱ 45 MINUTOS DE PREPARO
🍴 8 PORÇÕES

Arroz-doce com morango

Ingredientes
- 1 e ½ xícara (chá) de arroz
- 3 xícaras (chá) de água
- 3 colheres (sopa) de açúcar
- 3 xícaras (chá) de leite
- Canela em pau, anis-estrelado e casca de laranja a gosto
- 1 e ½ xícara (chá) de creme de leite

CALDA
- 1 pacote de morango congelado
- 4 colheres (sopa) de açúcar

Modo de preparo
Cozinhe o arroz na água com o açúcar até ficar macio. Acrescente o leite, a canela, o anis-estrelado e a casca de laranja e deixe cozinhar durante 15 minutos em fogo baixo. Retire os temperos e misture o creme de leite.

CALDA
Em uma panela, coloque o morango congelado e o açúcar e cozinhe até dar ponto de calda, deixando alguns morangos em pedaços. Em taças individuais, ponha uma camada de arroz-doce, uma calda e outra de arroz, decore com morango e leve à geladeira.

Receitas Maravilhosas
Receber em Casa

⏱ **1 HORA DE PREPARO**
🍴 **25 PORÇÕES**

Biscoitos casadinhos

Ingredientes

- 1 xíc. (chá) de amido de milho
- ½ xíc. (chá) de fécula de batata
- ½ xíc. (chá) de farinha de arroz
- ½ col. (café) de fermento em pó
- 50 g de margarina culinária
- 1 ovo
- ½ xíc. (chá) de açúcar

Modo de preparo

Misture o amido, a fécula de batata, a farinha de arroz e o fermento e reserve.

Numa tigela, misture a margarina derretida, o ovo e o açúcar.

Adicione aos poucos os ingredientes secos e sove a massa com as mãos até que fique homogênea. Se necessário, acrescente mais fécula de batata ou um pouco de água para obter a consistência certa.

Abra pequenas porções da massa, com a ajuda de um rolo, e corte os biscoitos.

Asse em forno preaquecido, em uma assadeira forrada com papel-manteiga, por cerca de 20 minutos.

Retire do forno antes que dourem – eles devem ficar branquinhos. Espere esfriar e recheie com goiabada, doce de leite de soja, geleia de fruta ou outro recheio de sua preferência.

Doces e Sobremesas
Gostosuras que encantam os convidados

🕐 25 MINUTOS DE PREPARO
🍴 4 PORÇÕES

Espetinho de abacaxi com gergelim

Ingredientes
- 28 cubos de abacaxi (300 g)
- 1 xíc. (chá) de suco de laranja
- 1 col. (sopa) de folhas de hortelã
- 1 col. (chá) de gengibre ralado
- 2 col. (sopa) de açúcar
- 4 col. (sopa) de gergelim

Modo de preparo

Pegue espetos de madeira e coloque sete cubos de abacaxi em cada um deles.

Coloque em uma frigideira o suco de laranja, a hortelã, o gengibre e o açúcar.

Acrescente o abacaxi e vá cozinhando e virando até caramelizar.

Tire do fogo, polvilhe o gergelim torrado e sirva.

⏱ 1 HORA E 25 MINUTOS DE PREPARO
🍴 20 PORÇÕES

Doce de abóbora com coco

Ingredientes
- 1,5 kg de abóbora sem casca cozida
- 4 xícaras (chá) de açúcar
- 1 colher (sopa) de cravo-da-índia
- 3 lascas de canela em pau
- 2 xícaras (chá) de coco ralado

Modo de preparo

Amasse a abóbora com um garfo e coloque em uma panela grande. Junte o açúcar, o cravo e a canela e leve ao fogo, mexendo de vez em quando, até desgrudar do fundo da panela. Adicione o coco ralado, misture bem e deixe apurar por mais 5 minutos, mexendo sempre para não grudar na panela.

Retire do fogo. Depois de frio, conserve na geladeira em recipiente com tampa por até 15 dias.

Receitas Maravilhosas
Receber em Casa

⏱ **30 MINUTOS DE PREPARO**
🍴 **4 PORÇÕES**

Manjar com calda **de ameixa**

Ingredientes

CALDA
- 1 xíc. (chá) de ameixa seca sem caroço
- 1 xíc. (chá) de água
- 2 col. (sopa) de açúcar

MANJAR
- ½ envelope de gelatina em pó incolor e sem sabor
- 1 unidade (200 g) de iogurte
- 1 col. (sopa) de açúcar em pó
- 2 col. (sopa) de ricota sem sal amassada com um garfo

Modo de preparo

MANJAR

Hidrate a gelatina com 2 e ½ colheres (sopa) de água fria e leve ao micro-ondas por 30 segundos para dissolver.

Enquanto isso, no liquidificador, acrescente o iogurte, o açúcar e a ricota.

Bata até ficar uma mistura homogênea. Acrescente a gelatina e bata novamente.

Distribua a massa em uma forma para manjar ou em 4 tacinhas e leve à geladeira por aproximadamente duas horas para gelar e firmar.

CALDA

Enquanto isso, faça a calda colocando a água, o açúcar e as ameixas em uma panela.

Cozinhe até a mistura ficar corada e espessa.

Desenforme o manjar, cubra com a calda já fria e sirva.

Doces e Sobremesas
Gostosuras que encantam os convidados

⏱ 1 HORA E 30 MINUTOS DE PREPARO
🍴 10 PORÇÕES

Pudim de leite condensado

Ingredientes
- 3 ovos
- 1 lata de leite condensado
- 1 medida da lata de leite condensado de leite
- colheres (sopa) de açúcar

Modo de preparo

Ligue o forno para preaquecer por dez minutos em fogo baixo.

Bata no liquidificador os ovos, o leite condensado e o leite, durante três minutos.

Faça uma calda com o açúcar, deixe esfriar um pouco e despeje-a numa forma com furo no meio.

Coloque o pudim sobre a calda.

Leve ao forno e espere ficar mais escuro em cima, o que levará cerca de 40 minutos.

Aguarde esfriar e leve à geladeira.

⏱ 1 HORA DE PREPARO
🍴 10 PORÇÕES

Pudim de soja

Ingredientes

- 1 xíc. (chá) de soja em grão
- 6 xíc. (chá) de água
- 2 col. (sopa) de açúcar
- 2 maçãs
- 3 ovos
- 1 pão amanhecido

CARAMELO
- 1 xíc. (chá) de açúcar

Modo de preparo

Faça um leite condensado de soja: cozinhe a soja por 10 minutos e bata no liquidificador com a água do cozimento.

Coe e leve ao fogo com açúcar. Cozinhe até reduzir pela metade, mexendo sempre. Reserve.

Bata no liquidificador a maçã, a água, os ovos, o pão e o leite condensado de soja.

Faça um caramelo com o açúcar, espalhe no fundo de uma forma de pudim e coloque a mistura do liquidificador.

Asse em banho-maria, em forno preaquecido. Desenforme frio.

⏱ **1 HORA DE PREPARO**
🍴 **10 PORÇÕES**

Pudim verde

Ingredientes

- 3 xíc. (chá) de folhas de brócolis
- 1 e ½ xíc. (chá) de leite em pó
- 3 xíc. (chá) de água
- 3 ovos
- 2 col. (sopa) de açúcar
- 2 col. (sopa) de farinha de trigo

CARAMELO
- 1 xíc. (chá) de frutose

Modo de preparo

Afervente as folhas de brócolis, escorra e bata no liquidificador com os demais ingredientes. Reserve.

Caramelize uma forma de anel, despeje o conteúdo do liquidificador e asse em banho-maria em forno preaquecido por 45 minutos.

Deixe esfriar e desenforme.

⏱ 30 MINUTOS DE PREPARO
🍴 4 PORÇÕES

Sonho de doce de leite

Ingredientes

- 500 g de farinha de trigo
- 10 g de sal
- 250 ml de água
- 30 g de fermento biológico fresco
- 50 g de açúcar
- 2 gemas
- 40 g de leite em pó
- 50 g de margarina
- 1 pote de doce de leite

Modo de preparo

Utilize parte da água para diluir o fermento e reserve. Misture os demais ingredientes e adicione o fermento diluído.

Junte mais água, aos poucos, amassando, levantando, empurrando a massa para frente com a palma da mão e dobrando-a sobre si mesma.

A massa não deverá grudar nas mãos, mas, sim, ficar com um aspecto leve e esponjoso.

Deixe descansar por 20 minutos e modele a massa em formato de sonho. Após o descanso, pré-asse em forno a 180°C por 6 minutos. Frite em óleo quente, tire o excesso de óleo e recheie com doce de leite.

Receitas Maravilhosas
Receber em Casa

🕐 **15 MINUTOS DE PREPARO**
🍴 **6 PORÇÕES**

Wrap de frutas **vermelhas**

Ingredientes
- 6 pães folha (ou 6 pães sírios)
- ½ xíc. (chá) de açúcar culinário
- 2 col. (sopa) de suco de limão
- 4 xíc. (chá) de frutas vermelhas maduras (morangos, amoras, framboesas...)
- Folhas de hortelã para decorar

Modo de preparo

Junte numa panela as frutas, o suco de limão e o açúcar. Cozinhe em fogo médio por cerca de 5 minutos, mas fique de olho para que as frutas não desmanchem totalmente. Reserve o líquido que se formar na panela.

Sobre cada pão, coloque duas colheres (sopa) da mistura de frutas e enrole.

Na hora de servir seu wrap, espalhe o líquido reservado e decore com as folhas de hortelã ou mesmo com algumas frutas vermelhas.

Doces e Sobremesas
Gostosuras que encantam os convidados